KB082145

관계와 소통을 위한

# 공감 연습

공감 연습

**발행일** 초판 1쇄 발행 2023년 5월 15일 | **지은이** 박정혜 | **펴낸이** 최현선 | **펴낸곳** 리커버리 |
**주소** 경기도 시흥시 배곧4로 32-28, 206호 (그랜드프라자 ) | **전화** 070-7818-4108 |
**이메일** recovery_a@daum.net

ISBN 979-11-982606-2-8(03180) | Copyright ⓒ박정혜, 2023
책값은 뒤표지에 있습니다. 잘못 만들어진 책은 구입하신 서점에서 교환해드립니다.

 회복을 위한 책의 모든 것, 리커버리

관계와 소통을 위한
# 공감 연습

박정혜 지음


성숙한 관계를 만드는 아름다운 공감의 힘

# 호모룩스 알아차리기

세상살이가 만만치 않습니다. 삶은 험난한 고개를 넘어가는 것만 같습니다. 고개에서 맞닥뜨리는 것은 호랑이 같은 존재입니다. 떡 하나 주면 안 잡아먹지, 라고 하지만 결국에는 떡을 포함해서 모든 것도 다 빼앗아가지요. 살아가면서 잃어버리는 것은 떡이나 몸이 아니라 어릴 적에는 분명 간직했던 감성과 감수성입니다. 처음 만난 아이와도 이내 친해지고 웃던 마음입니다. 별과 꽃과 바람과 얘기를 나누며 돌멩이하고 속삭이던 마음입니다. 고달픈 고개를 넘어오면서 가진 것을 다 주게 된 다음, 나도 모르게 호랑이가 되어버렸는지도 모릅니다. 호랑이들이 하도 많으니 더 거센 호랑이가 되어야 한다며 스스로 설복했는지도 모릅니다. 살아갈수록 감성과 감수성은 문을 닫고, 마음은 메마르기 일쑤입니다. 고개를 넘으려면 그 정도의 단련은 해야 한다며 나 자신을 합리화해왔습니다.

　그러는 동안 인간관계의 호불호가 명확하게 그어져 갔지요. 내 입맛에 맞으면 관계를 유지하고, 맞지 않으면 끊어버리는 것이 다 반사였습니다. 의사소통도 이와 같았습니다. 소통할 가치가 있으면 하는 것이고, 아니면 가차 없이 바리케이드를 쳤지요. 그러는 동안 기쁨, 즐거움, 보람 대신 쾌락, 짜릿함, 안락함을 추구하면서 살아왔습니다. 그게 뭐, 잘못되었다는 생각도 못 했지요. 그러다가 문득 정신을 차려보니, 힘들게 넘었던 고개들은 사막 위의 모래였고 나는 사막 한가운데 덩그렇게 혼자 서 있었습니다. 아무도 내 주위에 있지 않았지요. 갈수록 입맛이 까다로워진 탓이었습니다. 기껏 넘었던 고개들도 삶의 길들도 허무하기 이를 데 없었습니다. 태양은 너무나 뜨거워서 길을 그만 걷고 싶다는 생각까지 들 정도였습니다.

　모든 것이 의미를 잃어갈 그때, 내 안을 두드리는 뭔가가 있었습니다. 처음에는 그게 무엇인지 떠올릴 겨를도 없었습니다. 그저 무시하면서 걸음을 옮겼지요. 내 안을 두드리는 그 울림이 점점 강렬해져 왔습니다. 도저히 외면할 수 없을 즈음, 석양빛이 스며드는 모래 언덕 위에 걸터앉았지요. 내 안을 보는 방법을 알 수 없으니, 그저 눈을 감을 수밖에 없었습니다.

　그게 맞았습니다. 눈을 감으니 비로소 보였습니다. 탄생 이전부터 내 안에서 존재하던 빛! 지금까지 나와 함께 했던 빛! 절대 사라지지 않는 한결같은 빛! 그 빛이 보였습니다. 빛은 혼자가 아니었습니다. 우주의 에너지, 신과 하나로 연결되어 있었습니다. 유독 나만 가진 빛도 아니었습니다. 모든 인간은 빛을 가지고 있고, 빛을 지닌 채 살아가고 있다는 사실을 깨닫게 되었습니다. 다만, 그 빛은 살아오는 동안 셀 수도 없이 많이 가려질 뿐이었습니다. 그렇게 가려진 것을 벗기면 온전히 빛을 만날 수 있다는 것도 알게 되었습니다. 그러니, 인간은 호모룩스Homo Lux, 빛을 간직한 인간입니다.

안타깝지만, 살아나가는 동안 호랑이한테 잡혀 빼앗기다가 결국 호랑이가 되어버린 채 끝나는 삶도 있습니다. 아니, 그런 삶이 너무나 많아서 슬프기도 합니다. 그건 바로 내면의 빛이 많이 가려진 삶이라는 사실을 이제 압니다. 빛을 가리게 한 것 또한 자기 자신이라는 것도 압니다. 그런 이조차 마음의 빛이 없어진 것이 아닙니다. 우주의 에너지와 연결된 마음의 빛은 실체가 드러내기를 응원하며 늘 우리 마음속에 존재하고 있습니다. 마음의 빛은 우리가 빛이 있다는 사실을 수용하고 자각할 때, 가리던 것들이 떨어져 나가게 되고, 빛은 고스란히 드러나서 움직이기 시작합니다.

소라껍데기에서 파도 소리를 만나던 나, 풀과 꽃에게 인사를 건네던 나, 후두두 몸을 털며 나무 위에 올라탄 바람과 바람의 소리

관계와 소통을 위한 공감 연습

로 소통하던 나. 이제 그린 나를 다시 만날 수 있었습니다. 그런 내가 세상과 손을 잡고 한들한들 흔들며 신나게 걸어갑니다. 이 손을 당신도 함께 잡았으면 좋겠습니다. 서서히 사막이 사라지고, 곳곳에 푸른빛이 자라나는 소리가 들려옵니다. 이 소리를 당신도 들으시면 좋겠습니다.

2023년 4월
박정혜

# 목 차

# 1.

# 내면이 성장하는 사람

바람직한 관계를 위해서는 무엇보다 보이지 않는 정신과 마음, 영혼의 성장이 필요합니다. 이러한 보이지 않는 성장을 통틀어서 '내면 성장'이라고 할 수 있겠습니다. 내면 성장에는 필요충분한 조건이 주어져 있습니다. 바로 '고난'입니다. 고난의 터널을 통과해야만 빛나는 극복의 순간을 만날 수 있으며, 그렇게 터널을 걸어가는 과정이 바로 '성장'입니다. 즉, '고난의 극복'이 바로 '성공'이라고 할 수 있습니다.

바람직한 인간관계는 모든 이들의 꿈입니다. 관계가 제대로 되지 않아 아픔을 겪기 마련이지요. 또는 자신도 모르는 사이에 누군가한테 상처를 주기도 합니다. 삶은 곧 관계를 이루는 장이라고 할 수 있습니다. 당연한 말이지만, 인간은 혼자서 살아갈 수 없기 때문입니다. 좋은 관계를 맺기 위해서는 어떻게 해야 할까요? 먼저 인간을 이해해야 합니다. 인간 이해를 위해서는 '성장'에 초점을 맞출 필요가 있습니다. 성장의 의미를 구체적으로 알아볼까요?

성장은 하루아침에 일어나지 않지요. 제대로 성장하기 위해서는 시간과 함께 정성과 관심 그리고 집중된 에너지가 필요하기 마련입니다. 아직 제대로 성장하지 않은 모습을 두고 비난이나 조롱, 혹은 비관한다면 어리석기 짝이 없는 일입니다. 다섯 살 된 아이가 어른 키 정도 되는 책장에서 책을 꺼내지 못한다고 나무라는 격입니다. 혹은 그 아이한테 어른처럼 인내심을 발휘해서 먹고 싶은 것을 참으라는 격입니다. 또는 그 아이가 어른처럼 말을 잘하지 못한다고 타박하는 식입니다. 이 정도로 발달과정을 무시하지 않는 지각 정도는 가지고 있다고 할지 모르겠습니다. 이런 경우는 어떻습니까? 다섯 살 된 아이한테 어른처럼 눈치를 잘 살피지 못한다며 타박하는 것은요. 혹은 그 아이한테 어른처럼 상냥하지 않다고 혼내는 것은요. 또는 그 아이가 불만을 어른처럼 은근슬쩍 감추지 않고 있는 대로 드러낸다며 나무라는 것은요. 그런 경우는 아이의 성장에 초점을 맞추기보다 어른의 관점에서 보기 때문에 생기는 일입니다. 아이의 입장보다 어른이 정한 기준에 의해 평가하는 오류를 범하기에 일어나는 일들입니다.

일반적으로 신체의 발달에 따라 지능도 향상하게 됩니다. 성장기의 아이들은 하루가 다르게 쑥쑥 자라나기 마련이지요. 인간의 성장은 이러한 보이는 영역에만 있는 것이 아닙니다. 보이지 않는 영역인 정신, 영혼의 성장이 사실은 인간 성장의 핵심을 이루고 있습니다. 정신과 영적인 부분이 성숙해져야 도덕적이고 지혜로운 인간이 되기 때문이지요. 흔히 그 반대의 경우를 보게 됩니다. 신체도 지능도 뛰어난 인간이 저지른 범행은 또 얼마나 많은지요. 반면, 선천적인 신체의 불구와 낮은 지능의 악조건을 딛고 일어서서 아름답게 살아가는 이들도 있습니다.

신체와 지능의 성장과 발달은 시간과 함께 일어나지만, 정신과 영적인 성장은 시간에 비례해서 일어나지 않습니다. 또한, 신체와 지능의 성장은 어느 정도의 시간이 지나면 멈추지만, 정신과 영적인 성장은 멈추지 않고 지속됩니다. 이런 놀라운 속성을 두고 심리학자 캔 윌버Ken Wilber는 '성장은 자신의 지평을 확대하고 확장하는 것'이라고 했습니다. 즉, 밖으로 향한 조망과 내적으로 향한 깊이에 있어서 경계의 성장을 의미한다는 것이지요. 쉽게 말하자면, 스스로 경계를 지워서 제한된 테두리 안에 갇혀있는 것을 자꾸만 뚫고 나간다는 것입니다. 게다가 삶에서 일어나는 상황들을 높은 곳에서 내려다보고, 깊숙이 들여다보는 힘을 가지는 것을 의미합니다.

이러한 의미에서 성장한 성인은 이렇게 행동할 수 있겠습니다. 과자를 계속 먹겠다며 울며 떼를 쓰는 다섯 살 아이와 마음을 합할 수 있을 겁니다. 아이의 처지에서 당연히 그럴 수 있다고 여길 수 있겠지요. 동시에 아이의 올바른 습관을 위해 현명한 판단을 내려 말과 행동을 할 수 있을 것입니다. 그렇지만 아이처럼 같이 화를 내거나 고함을 지르지는 않겠지요. 캔 윌버Ken Wilber의 성장의 의미 또한 정신과 영적인 성장에 핵심이 있습니다.

우리는 흔히 신체와 지능 같은 보이는 영역에만 신경을 씁니다. 보이지 않는 정신과 영적인 성장은 도외시하기 마련이지요. 정상적인 발달에 뒤처지면, 혹시 장애가 아닐까 우려하고 구체적인 대책을 세웁니다. 정신과 영적인 성장이 잘 이뤄지지 않는 것을 그저 성격이나 성향 탓으로 돌리고 말지요. 언젠가 때가 되면 잘 될 거라고 막연하고 두루뭉술하게 넘어가고 맙니다. 그러다 보니, 보이는 성장과 발달을 중시하는 관념이 보편적으로 생기고 말았습니다. 그 나이에 맞는 보이는 업적들이 있어야 마땅하다고 여기게 되는 것이지요. 대표적인 것이 학교, 직업, 결혼, 지위와 명예, 재물과 재화들이지요. 보편적인 기준에 못 미치게 될 때, 스스로 위축이 되거나 질책의 시선을 받는다고 생각하게 됩니다. 혹은 주위에서 그렇게 판단하기도 하지요. 보이지 않는 영역의 성장과 발달에 대해서는 그다지 주의를 기울이지 않습니다. 그래서 들키지만 않는다면 비도덕적인 일을 서슴지 않고 행하기도 하고, 영적인 성숙이 무엇인지도 모른 채 살아가곤 하지요. 그러다 보니, 인간관계는 수렁 속에 빠질 수밖에 없습니다. 바람직한 관계를 위해서는 무엇보다 보이지 않는 정신과 마음, 영혼의 성장이 필요합니다. 이러한 보이지 않는 성장을 통틀어서 '내면 성장'이라고 할 수 있겠습니다. 내면 성장에는 필요충분한 조건이 주어져 있습니다. 바로 '고난'입니다. 고난의 터널을 통과해야만 빛나는 극복의 순간을 만날 수 있으며, 그렇게 터널을 걸어가는 과정이 바로 '성장'입니다. 즉, '고난의 극복'이 바로 '성공'이라고 할 수 있습니다. 아리스토텔레스식으로 말하자면, 이러한 삶을 '에네르게이아energeia적 삶'이라고 할 수 있습니다. 반면, '키네시스kinesis'란 '목적론적 운동'을 말합니다. 어떠한 가능성이 있는 사물(잠재태)이 목적을 완벽히 실현한 상태(완전 현실태)로 나아가는 과

관계와 소통을 위한 공감 연습

정으로, 오로지 정해진 목적을 염두에 두고 행하는 운동을 뜻합니다. 에네르게이아란 현실태라고 하며, 목적의 완성보다는 '실현해가는 활동'에 초점을 맞춥니다. 실현이 되어가고 있는 상태, 즉, '과정의 상태'에 있음을 뜻하지요. 실행되고 있는 동시에 존재하는 것으로, 그 자체로 완전한 가치를 가지는 것을 말합니다. 목적지에 도착해야 완성되는 것이 아니라, 그렇게 행하는 과정에서 온전히 귀중한 가치를 누리는 것이지요. 우리가 늘 초조해하는 것은 바로 키네시스적 삶을 가지고 있기 때문입니다. 목적에 따른 결과에만 집중하기 때문에 전전긍긍하며, 여유가 없고 초조하기 일쑤입니다. 그러니 늘 부족하고 결핍되어 있습니다. 그러는 동안 철학자 아도르노Adorno식으로 말하자면, 영혼은 사물화되고 맙니다. '내면 성장'과 정 반대 방향으로 내달리게 되고 말지요. 또한, 인간 존재 자체는 평가의 대상이 될 수 없습니다. 이 세상에 태어났다는 자체만으로도 기적입니다. 차라리 태어나지 않는 편이 좋았을 거라는 부정적인 가치 판단은 놀랍게도 스스로 하는 생각일 경우가 많습니다. 이렇게 실존의 진정성을 갉아먹으며 끊임없는 욕망의 질주를 벌이게 되어 본연의 자신을 무너뜨리고 말지요. 철학자 윌리엄 제임스William James는 '우리 세대에서 가장 위대한 발견은 인간이 마음의 태도와 생각의 자세를 바꿈으로써 그 생활을 바꿀 수 있다는 사실'이라고 했습니다. 그렇다면, 이제 히든카드를 쓸 때입니다. 지금, 현재, 이 순간을 있는 그대로 온전하게 받아들일 때 본래면목本來面目,

내면이 성장하는 사람

일절 더하지 않고 모든 사람이 갖추고 있는 심성, 깨달은 경지에서 나타나는 자연 그대로의 심성을 되찾을 것이기 때문입니다. 그것은 바로 매 순간 인간은 '성장'하고 있음을 깨닫는 것에 있습니다. 이 말은 매 순간 '고난'이 주어질 수 있고 '극복'의 가능성이 열려있다는 말과도 이어집니다.

관계와 소통을 위한 공감 연습

# 직면하기
## 트라우마를 이겨 내는 힘

뮤직비디오 〈파퓰러송〉

## 〈파퓰러 송Popular Song〉 이야기

〈파퓰러 송Popular Song〉은 미카(Mika; Michael Holbrook Penniman. 레바논 출생 가수. 1983~)의 노래입니다. 지금 살펴볼 노래 이야기는 아리아나 그란데(Ariana Grande. 미국 가수, 영화배우. 1993~)와 함께 부른 〈파퓰러 송 Popular Song〉의 뮤직비디오 장면입니다. 여러분이 가지고 있는 미디어 기기를 통해 뮤직비디오를 감상해 보시기 바랍니다.

이 노래는 가수 미카가 학창 시절 겪었던 일화를 토대로 만들었다고 합니다. 아리아나 그란데와 함께 나온 뮤직비디오의 내용은 이렇습니다. 화면의 시작은 한 여자와 남자가 주방에서 마법의 수프를 끓이고 있습니다. 수프에 쥐까지 잡아넣는 것을 보면 흑마술을 하려는 것이 짐작됩니다. 장면이 바뀌어서 이제는 교실입니다. 학생들이 수업을 듣고 있는데, 주인공 남자가 반 학생 한 명에게 휴대폰으로 문자를 보내고 있습니다. '오늘 밤 11시 디너 파티'라는 글이 보입니다. 다시 장면이 바뀌어서 평소에 많이 당했던 상황들이 나타납니다. 책을 들고 걸어가면 어디선가 나타나서 들고 있는 책을 쳐버려서 낭패당했던 일. 여자 주인공도 여학생에게 디너 파티 초대 문자를 보냅니다. 언젠가 마음에 드는 한 남학생과 복도에 서서 얘기를 나누고 있을 때 그것을 얄밉게 가로채던 그 여학생입니다. 언젠가 남자 주인공은 그 패거리들한테 변기에 얼굴을 처박힌 꼴을 당한 적도 있었지요.

매우 특별한 손님을 맞이하기 위해 승용차를 타고 예약된 성으로 향합니다. 밤 11시를 가리키는 시계를 들여다보고 의미심장한 표정을 짓고 있습니다. 이윽고 손님들이 도착하고, 두 명의 주인공은 만찬이 차려진 식탁으로 안내하지요. 한껏 멋을 부린 학생 세 명이 들어오고 각자 자리를 잡고 앉습니다. 술과 과일이 곁들여진 성대하게 차린 음식을 먹으며 즐거워하지요. 그러다가 돌연 한 명이 돌이 되어 버립니다. 연이어 다른 학생들도 돌이 되고 맙니다. 주인공은 돌이 되자마자 촛대와 쟁반을 휘둘러서 돌을 깨버립니다. 그 모습을 보고 너무나 놀라 도망가려던 한 여학생은 돌이 된

관계와 소통을 위한 공감 연습

채 쓰러져 깨져 버립니다. 이제 계획대로 죄다 이루어졌습니다. 성
공을 자축하기 위해 식탁의 중앙으로 모인 주인공들! 축배를 드는
순간, 남자 주인공의 얼굴이 굳어지고 맙니다. 오래전 유년 시절,
남자는 여자가 쌓아 놓았던 장난감을 발로 차서 괴롭혔던 적이 있
었거든요. 결국 남자 주인공마저 돌로 만들어버리고 마는 여자는
이제 세상에 철저하게 홀로 남겨집니다.

## 〈파퓰러 송Popular Song〉에서 만나는 만찬

이 만찬이야말로 최후의 만찬입니다. 아무도 살아남지 않았습
니다. 이 세상에는 괴롭혔던 자와 괴롭힘을 당하는 자들만이 있을
뿐입니다. 괴롭혔던 자들은 응징당해야 하겠지요. 재고의 여지가
없습니다. 그동안 속절없이 당해야 했던 억울한 순간들이 누적되어
있습니다. 차마 발설하지 못했던 억울함은 엄청난 트라우마가 되고
말았지요. 비웃고 놀리고 함부로 짓밟았던 온갖 인연들을 죄다 깨
부수고 똑같이 짓밟아야겠다고 결심합니다.

어떨까요? 이제 속이 시원할까요? 그러할 수도 있겠습니다. 그런
데도 이상한 것은 보복의 레이다망에 걸리지 않는 일이란 없다는
것입니다. 우리의 삶은 배반과 상처의 장입니다. 칭찬, 인정, 박수,

직면하기

자랑의 순간들이 이어지는 때보다 그 반대의 순간들이 훨씬 더 많기 마련입니다. 인정과 칭찬의 순간조차 그렇습니다. 어느 한 편에게서는 똑같은 상황에서 부러움과 시샘, 또 다른 상처로 받아들일 수도 있습니다. 상을 받지 못하는 자에게는 누군가 상을 받는 장면이 트라우마일 수도 있지요. 그러니 우리는 숱한 트라우마의 현장에서 살아가고 있습니다. 상황들은 우리를 배반하기 일쑤지요. 예상대로 되는 것이 있는 반면, 그렇지 않을 때도 많습니다. 그 모든 배반을 두고 응징한다면, 우리는 결코 살아남지 못하고 말겠지요. 생각해볼까요? 우리는 이 세상으로 빠져나오면서 안락함으로부터 배반당했습니다. 영원히 계속될 것만 같았던 양수 안에서의 자유가 박탈당하고 만 것입니다. 자라오는 동안 유일한 신호였던 울음으로 느낌을 표현했지만, 그 신호는 양육자한테 그대로 전달될 때도 있었고, 그러지 못할 때도 있었습니다. 기저귀를 봐달라는 것이 아니라 배가 고프다는 신호였는데도 양육자는 그걸 잘 알아차리지 못하기도 했지요. 그저 안아달라는 신호였는데도 버릇없게 키우면 안 된다는 투덜거림으로 돌아오는 순간들도 있었습니다. 마음이 타인에게 그대로 전달될 때도 있고, 아닐 때도 많았습니다. 그 모든 순간들을 기억하고 있다가 내 마음에 흡족하지 않은 것들을 처단한다면요? 제일 먼저 나 자신을 처단해야 할지도 모릅니다.

살아오는 동안, 대부분 내 몸이 시키는 대로 하지 않았습니다. 나는 바쁘다는 핑계로 내 몸을 돌보지 않았고 때때로 마음이나 정

관계와 소통을 위한 공감 연습

신, 영혼이 부르는 소리를 차단하기도 했지요. 본능에 따른 쾌락을 추구한 날도 있었지만, 더 많은 날 동안 본능이 함부로 튀어나오지 못하게 차단해야 했습니다. 내 모든 이기심은 이타심에 의해 배반되기도 했지요. 나는 숱한 날 동안 나를 배반해왔습니다. 그렇게 이뤄진 모든 배반들을 전부 보복해야 할까요? 그렇게 하면 편해질까요?

복수 영화들은 대개 피가 만연한 결투가 나오고, 마지막 장면에서는 한결같이 처절한 외로움과 허무로 끝나곤 합니다. 인생은 인연을 맺는 이들과 함께 배에 올라타서 항해하는 것입니다. 항해 도중 일어나는 여러 갈등 때문에 노상 결투를 일으킨다면, 살아남는 자는 아무도 없을 것입니다. 트라우마를 입게 했던 가해자를 무조건 용서하자는 말이 아닙니다. 모든 에너지를 가해자 쪽을 향해 두지 말자는 것이 핵심입니다. 그렇게 될 때, 자신은 거듭 피해자가 되고 말기 때문입니다. 첫째는 그 일을 당했을 때의 피해자이고, 두 번째는 피해자의 역할에서 절대 빠져나오지 못한 탓에 일어나는 피해자입니다. 영원한 피해자로 남지 않으려면, 무조건 용서나 치유를 해야 하는 것이 아니라 에너지를 가해자 쪽에 두는 것을 멈춰야 합니다. 대신, 해야 할 일이 있습니다. 자신의 삶을 아름답게 가꾸며 스스로 만족을 추구하면서 살아가는 것입니다. 억울함과 화를 당했던 자기 자신을 따뜻하게 감싸 안아줘야 합니다. 머리로는 알지만, 그것을 직접 해내는 일은 쉽지 않지요. 인간관계에 의해 받은 상처는 쉽게 잘 아물지도 않지요. 특히 가까운 사람에게 받은 상처나 계속 만나야 하는 사람에게 받는 트라우마는 여간해서는 잘 지워지지 않습니다. 잊었다고 생각하지만 어느 순간에는 도깨비처럼 불쑥 선명하게 나타나곤 하지요. 특히 스트레스가 많은 날, 잠자고 있던 불쾌했던 기억과 감정들이 깨어나 설치고 다니기도 합니다. 어떻게 하면 이 기억들, 생각들, 부정적인 에너지에서 벗어날 수 있을까요?

실은 도망갈 수가 없습니다. 우리는 결코 부정적인 기억한테서 빠져나갈 수 없지요. 다만, 그 부정을 정면에서 바라보고 녹여야 합니다. 트라우마를 직면할 때 그 부피가 비로소 줄어들기 시작합니다. 작아지고 작아져서 마침내 하나의 먼지가 될 때까지 직면할 수밖에 없습니다. 먼지는 쌓이기 마련이지만, 입으로 불면 간단하게 사라지기 마련이지요. 모든 트라우마에 대한 기억들은 사실, 자기 자신에 대한 분노이기도 합니다. 그때, 그 순간에 적극적으로 대처해서 막지 못하고 그저 당하기만 했던 자신에 대한 원망이 속해 있습니다. 그 사건을 일으킨 타인에 대한 분노와 속절없이 당했던 자신에 대한 원한이 동전의 양면처럼 엮어져 있습니다. 따라서 우리가 부정적인 에너지의 속박으로부터 자유로울 때, 자신을 옭아매는 부정성에서 놓여날 수 있습니다. 그것은 섣부른 용서나 이해가 아

관계와 소통을 위한 공감 연습

니라 상처투성이인 자기 자신을 온전히 사랑하고 아껴주는 것에서
부터 시작하는 것입니다.

◆ 트라우마를 입은 인간관계에 관한 현재의 자신의
마음에 대해 파악할 수 있습니다. 또한 트라우마에 대
한 충분한 고찰과 함께 자신에 대한 위무로 자기 긍정
성을 가지게 함으로써 내면을 회복하고자 하는 적극
적인 의지를 북돋게 합니다.

# 마음의 빛
내 마음을 지배하는 것

그림 〈빛의 제국〉

## 빛의 제국

〈빛의 제국〉은 벨기에의 초현실주의 화가 르네 마그리트(Rene Magritte, 1898~1967)의 작품입니다. 지면에 인쇄하는 것보다 독자 여러분 각자의 미디어 기기로 검색하여 그림을 보는 편이 그 느낌을 더 선명하게 느낄 수 있습니다. 자 그럼 여러분 눈앞에 놓인 〈빛의 제국〉을 보면서 다시 책에 집중해 볼까요? 르네 마그리트는 이런 말을 남겼습니다.

> "나는 〈빛의 제국〉에서 서로 다른 개념, 즉 밤의 풍경
> 과 낮에 보는 하늘을 한 화면에 재현했다. 이 풍경은
> 밤의 어둠과 낮의 하늘을 동시에 생각하게 한다. 내

관계와 소통을 위한 공감 연습

생각에, 이 낮과 밤의 동시성은 낮과 밤의 허상을 깨
고 마음을 끄는 힘을 가지고 있다. 나는 이 힘을 시詩
라 부른다"

  그림 안으로 들어가 볼까요? 삼 층 콘크리트 건물 앞에 버티고
선 나무가 보입니다. 나무는 건물을 가려주지만, 동시에 건물을 더
욱 자세히 드러나게 합니다. 감추면서 드러나게 하는 이중성은 이
그림의 곳곳에 나타납니다. 화면의 중간 아래쪽은 영락없이 밤입니
다. 어두운 배경이 그대로 드러나 보이는 것은 불빛 때문이지요. 반
면, 화면의 위쪽은 뭉게구름과 파란 하늘이 펼쳐져 있는 낮입니다.
신기하게도 밤과 낮이 공존하고 있지요. 딱딱한 건물 아래는 호수
가 있습니다. 물결 위에 수놓아진 건물의 표정은 아련한 느낌입니
다. 건물의 오른쪽에 둘러싸여 있는 수풀 사이에 언뜻 보이는 것은
영락없이 파란 하늘이지요. 그 하늘은 제일 먼저 눈이 가는 나무에
서도 찾을 수 있습니다. 하늘은 나무 위를 올라갈수록 가지 사이로
비집고 들어오고 있거든요. 아랫부분인 밤의 공간을 더듬어 가 볼
까요? 호수를 둘러싸고 오른쪽으로 돌면, 풀과 바위를 만날 수 있
습니다. 집의 왼편에는 출입구도 보입니다. 화면의 중앙을 볼까요?
그림을 보자마자 가장 눈에 띄는 것이 바로 중앙의 '빛'입니다. 조명
은 어둠 속에서 홀연히 빛을 발하면서 사물의 윤곽을 드러내게 하
고 있습니다. 빛의 주위에는 은은한 분홍빛이 번져가면서 건물의

마음의 빛

외벽을 보이게 합니다. 조금 더 자세히 보면, 빛이 다른 공간을 깨워 일으키고 있음을 알 수 있습니다. 오른쪽 위 창문 두 개에도 분홍빛이 어려있습니다. 다른 쪽 창문에는 보이지 않는 빛이지요. 이 빛의 위용은 대단합니다. 어둠에 덮여 보이지 않을 여러 사물의 윤곽들이 빛으로 인해 들춰지고 있습니다. 그래서 제목에 '제국'이라는 말이 들어 있는지도 모릅니다. 원래 제국은 다른 민족을 통치·통제하는 정치체계를 말하지요. 일반적으로 국가로서의 제국은 문화와 민족성이 전혀 다른 영역과 구성원에게까지 통치권을 확장하는 국가를 가리킵니다. 정반대의 속성을 지닌 어둠을 다스리는 빛의 제국적인 힘이 느껴집니다. 그렇지만 이름이 주는 위엄스러운 느낌의 단어 '통치'를 떠올리기 이전에 그림 안에서 찾을 수 있는 온화한 분홍빛 이미지를 집중해서 생각해볼까요?

이 그림이 우리의 마음을 상징하는 것만 같습니다. 푸르고 맑은 하늘이 있는가 하면, 내면 깊숙이 존재하는 어둠도 있기 마련입니다. 어둠을 모른 척하고 덮어두는 마음도 있는가 하면, 너무나 또렷하게 어둠을 철저히 느낀 나머지 좌절하고 낙담하는 마음도 있습니다. 어둠의 실루엣 사이로 언뜻 보이는 맑은 부분도 있는가 하면, 푸른 마음들 사이에 거대한 어둠이 깊숙하게 묻어있다는 것을 짐작하기도 합니다. 그렇지만 우리에게는 〈빛〉이 있습니다. 심층의 마음은 사실, 명료하지 않습니다. 잘 알 수 없는 부분이 많고, 명백하고 구체적으로 잘 보이지도 않아서 어둡기도 합니다. 그런데도 우리의 마음에는 빛이 있습니다. 이 빛은 인간의 내면 가장 깊은 곳, 정중앙에 자리하고 있지요. 제각기 가진 빛깔도 다릅니다. 그림에서만 보이는 빛깔을 말하는 것이 아니다. 인간의 내면 깊은 곳에 있는 빛의 빛깔은 저마다 다 달라서 '마음의 빛'은 고유한 자신만의 빛깔을 언제나, 늘, 변함없이 간직하고 있습니다.

◆ 마음의 한 가운데 존재하고 있는 '마음의 빛'은 분석심리학자 융Jung식으로 말하자면, 무의식의 핵심에 존재하고 있는 '자기Self'를 일컫습니다. 근원적 힘인 '마음의 빛'을 실체로 깨닫게 하여 내면의 힘을 자각하여 인간관계를 주체적으로 원활하게 이끌어 나갈 수 있습니다.

마음의 빛

# 자유하기

나를 향한 비난의 화살 내려 놓기

시 〈코 없는 사자〉

## 코 없는 사자 이야기

코 없는 사자[1]

늙은 사자가 산속에 누워 "이젠 죽는구나." 한숨 쉬며 눈을 감고 있을 때 멧돼지가 식식대며 와서 "원수를 갚아주마!" 말하고 어금니로 사자 코를 깨무니까 사자 코가 떨어지며 "잘못했습니다. 살려주세요." 말하고 산 아래로 굴러갈 때 지나가던 황소가 사자 코를 삼켰 습니다. 그때 나귀 한 마리 산속을 지나가다 코 없는

---

1 출처: 〈2011 현대문학상 수상 시집〉

관계와 소통을 위한 공감 연습

사자를 보고 "원수를 갚아주마!" 말하고 발길로 차니
까 코 없는 사자가 "살려주시오. 살려주시오. 지금은
옛날의 내가 아니오." 말하며 엎드려 빌자 나귀는 "그
래 나도 옛날의 내가 아니야." 말하고 돌아갔습니다.

이승훈[2]

## 코 없는 사자의 회한

이러한 글도 시가 될까요? 시가 맞습니다. 산문시이자 우화시라
고 할 수 있습니다. 시의 내용을 찬찬히 살펴봅시다. 늙은 사자가
있습니다. 산에 누워 있는데 스스로 죽는가 보다 하고 짐작할 정도
로 노쇠해져 있습니다. 날렵하고 용맹스럽던 몸뚱어리가 이제는 늘
어지고 늙은 것입니다. 사자가 한창 힘깨나 쓸 때는 보이지 않던 존
재들이 하나, 둘 나타나기 시작합니다. 먼저 멧돼지가 다가왔습니
다. 그동안 쌓인 울분이 많았을 거라는 짐작이 갑니다. 당장 어금

2 이승훈(1942~2018): 강원도 춘천 출생. 1962년 《현대문학》 추천으로 등단하였다. 한양대학교
섬유공학과에서 공부하다가 국어국문학과로 전과하여 졸업, 동 대학원에서 석사학위를 받았으
며, 연세대학교 대학원 국어국문학과에서 박사학위를 받았다. 초기 시들은 언어 자체를 대상화
하는 작업에 집중하여 개념화를 거부하는 시 세계를 주로 보여주었다. 시집으로 《사물들》, 《당
신들의 초상》, 《당신의 방》 등이 있고, 평론집으로 《이상시 연구》, 《반인간》, 《시론》 등이 있다.
춘천교육대학교 국어교육과 교수(1970~1980), 한양대학교 국어국문학과 교수(1980~2008)를 역
임하였다.

자유하기

니로 코를 깨무니까 사자 코가 나가떨어졌습니다. 사자는 그 순간, 잘못했다고 살려달라고 빌 뿐입니다. 그러는 동안 가차 없이 산 아래로 굴러떨어진 코를 본 것은 황소였습니다. 사자가 자기 코를 찾으러 다가갔지만, 황소는 얼른 주워서 삼켜버렸습니다. 사자가 힘이 빠지고 쓸모가 없어진 것을 알아챈 것은 멧돼지나 황소가 다가 아니었습니다. 이제는 나귀마저 나타났습니다. 사자한테 달려들어서 발길로 차기까지 했습니다. 코 없는 사자는 다시 살려달라고 애원하면서 말합니다. 지금은 옛날의 내가 아니라고. 엎드려 비는 사자의 말을 듣더니 나귀가 대꾸했습니다. "그래, 나도 옛날의 내가 아니야"라고 한 다음, '나귀는 사자를 연신 발로 찼다'가 아니라 그 말을 남기고 '돌아갔다'로 마무리됩니다.

나귀는 한편으로는 고집스럽고 우둔하다고 하여 멸시받기도 하고, 또 한편으로는 유용하고 온순하다 하여 높게 평가받기도 했습니다. 이집트인들은 나귀는 악마적인 동물로서 악의 화신인 세토에게 귀속되어 있다고 여기기도 했지요. 고대 인도인들은 나귀를 음란한 동물이라고 생각했으므로 방종하고 단정치 못한 존재의 상징으로 사용하기도 했습니다. 이와는 반대로 시리아에서는 나귀를 신성한 짐승으로 숭배하였고, 여신 아틸라트는 나귀를 탔다고 합니다. 나귀는 제사 행렬에도 참여하며 디오니소스 신은 나귀를 타고 다녔습니다. 나귀는 미련함을 뜻하기도 하지만, 겸손함을 상징하기

관계와 소통을 위한 공감 연습

도 했습니다. 안브로시우스(Sanctus Ambrosius, 밀라노의 주교. 340년?~397년)에 의하면 나귀는 우쭐대지 않는 인간, 겸허한 인간을 상징합니다.

　사자의 행태는 얄밉고 증오할 만합니다. 멧돼지, 황소나 나귀의 가족이나 친구들이 사자한테 죽임을 당했던 적이 많았을 것입니다. 이에 대한 분노를 오랫동안 품고 있다가 마침내 터뜨린 것이 바로 사자가 힘이 없을 때입니다. 늙고 병들어 이제 곧 죽음을 앞둔 사자한테 다가간 멧돼지, 원한을 갚은 황소, 나귀가 등장합니다. 그런데 이들의 대처는 과거 사자가 했던 대로 무자비한 죽임이 아니었습니다. 기껏해야 코를 깨물고 굴러떨어진 코를 먹어버리고 발길로 차는 것이 다였지요. 그런데도 사자는 살려달라고 애원합니다. 이 우화시에서 중요한 대목은 나귀의 말입니다. '옛날의 내가 아니다'라는 사실 말이지요.

　그렇습니다. 우리는 변화합니다. 어쩔 수 없이 타고난 성정대로 성향이 주어지고, 그런 성격과 습관대로 살아간다고 하더라도 변화는 일어납니다. 죽을 고비를 넘기고 고난과 역경을 겪고 난 뒤에는 영혼의 성장이 일어나게 되지요. 나귀는 미련함을 던집니다. 자신을 두렵게 하는 것은 사실, 코가 빠진 사자일 뿐이니까요. 그것을 나중에야 알게 됩니다. 그 '나중'은 일단 세월을 견뎌냈기 때문에 일어난 사실입니다. 또한, 내면이 성숙했기 때문에 맞이하게 되는 순간이지요. 예전에 행했던 사자와 똑같은 방식으로 앙갚음하지 않습니다. 대신, 죽음을 앞둔 사자의 치졸한 애원을 들으며 시원하게 한 마디 합니다. '나도 옛날의 내가 아니야!'라고. 그리고 현명하게 뒤돌아서서 갑니다. 상대를 마지막까지 죽이는 것으로 원한을 풀지 않습니다. 인제 와서 사자를 죽인들 그게 무슨 소용이겠습니까? 사자는 옛날의 그 사나운 사자가 아닙니다. 사자도 변했고 나귀도 변했습니다. 사자가 힘이 없어지고 죽을 날을 앞두고 있다는 처지로 변했다면, 나귀는 현명하게 변했지요. 곧 죽을 사자를 해친들 무슨 의미가 있겠냐는 마음의 해탈 정도가 아닙니다. 이미 나귀는 발길질을 한 번만 해도 될 정도로 과거의 속박에서 벗어나 있었던 것입니다.

우리의 마음은 어딘가에 단단히 옥죄고 묶여 있기에 십상입니다. 어떤 날의 사건, 예기치 못했던 일, 트라우마들이 어느 한순간 속에서 더는 흐르지 않고 고스란히 머리와 가슴 안에 있지요. 답답하고 원통한 마음은 더욱더 깊은 골을 파고 고여있게 합니다. 고인 물은 반드시 썩기 마련입니다. 어쩔 수 없이 당하고 나서 또, 이차적 피해를 당하게 되지요. 이러한 피해의 악순환 속에서 원한은 더욱 거세져 갑니다.

고인 것을 흐르게 하는 힘은 그 순간 속에 매몰되어 있던 자기 자신을 용서하는 것에서부터 시작합니다. 더욱 현명하고 똑똑하게 처리하지 못했다고 자신을 몰아세우던 비난의 화살을 거두는 것에

관계와 소통을 위한 공감 연습

서부터 시작할 수 있습니다. 나를 용서하는 것은 그 무엇보다 어렵지만 숭고한 일입니다. 나귀가 달라진 것은 자기 자신을 높이 세울 수 있었기 때문입니다. 자신을 용서하고, 사랑하는 것이 바로 온전한 삶을 위한 첫걸음입니다.

◆ 내면의 성장과 인격의 성숙을 꿈꾸고 이를 실현하는 과정은 아름답습니다. 무엇보다 과거의 자신으로부터 해방되어 그 일을 겪고 난 뒤에 오는 지금, 현재의 삶은 행운이기도 합니다. 이렇게 극복한 삶에 대한 긍정적인 인식을 함으로써 내면의 힘을 강화하게 하여 원활한 의사소통을 증진하도록 하는 데 효과가 있습니다.

35

2.

성장을 넘어

성숙해지는 삶

자아관의 위기는 건강한 자기관을 바탕으로 극복할
수 있습니다. 인간은 홀로 존재하는 것이 아니라 우주
의 에너지(신)가 함께 하기 때문입니다. 그리하여 성숙
한 자아관을 가질 때 세계에 대한 인식의 정도인 세계
관 또한 건강해질 수 있으며, 바람직한 인간관계를 형
성할 수 있습니다. 인간관계란 인간 상호 간에 자연
발생적으로 형성되는 것을 시작으로 합니다. 이는 본
성이나 직접적인 접촉으로 이뤄지며, 지속해서 유지됩
니다. 인간관계는 내면적이면서 감정적인 인간 대 인
간의 관계를 말합니다.

성숙한 삶을 위해서는 긍정적인 자아관이 필요합니다. 자아관은 자신에 대한 의식이나 생각을 말합니다. '자아ego'는 생각, 감정 등을 통해 외부와 접촉하는 행동의 주체로서의 '나 자신'을 뜻합니다. 정신분석학자 프로이트Sigmund Freud에 따르면, 자아는 무의식적인 충동에 지배되지 않고 이를 현실의 원칙에 맞게 적절하게 조정하는 중개 역할을 합니다. 본능적 충동을 억압하는 것이 아니라 현실 원칙에 어긋나지 않으면서 자신을 만족시킬 수 있을 때 올바른 자아의 기능을 수행하고 있다고 볼 수 있습니다. 자아는 논리적 사고를 수행하며 우리가 현실 세계에서 생활하는 것을 도와줍니다. 자아실현을 위해서는 배우고, 사고하며, 추리하는 인지적 기술을 발달시켜야 하겠습니다.

자아는 '자기묘사'와 '자기타당'의 상호작용을 통하여 형성됩니다. 이때 '자기묘사'는 다른 사람과의 관계에서 자신의 개별성과 독특성을 구분해내는 능력을 말합니다. '자기타당'은 다른 사람과의 관계에서 인정받을 수 있는 능력을 말하지요. 이 둘은 자아 속에서 갈등을 일으키기도 하고 조화를 이루기도 합니다. 갈등이 극단으로 치닫는 경우 자아의 일관성과 통합성을 잃게 됩니다. 반면, 조화와 균형을 이룰 때는 그러한 일관성과 통합성이 자아를 올바른 방향으로 이끌어 나갈 수 있는 동력이 됩니다.

자신이 진취적이고 용감하다는 '자기묘사'를 가진 사람이 있다고 생각해볼까요? 그런 진취적이고 용감한 자신을 수용하고 격려하는 분위기에서는 '자기타당'이 생기게 됩니다. 타인도 역시 그 사실을 인정하게 되면, 그 속에서 자아관에 대한 조화와 균형을 이루게 됩니다. 그런데 주위에서 전혀 이를 인정해주지 않는 경우 '자기묘사'와 '자기타당' 간의 갈등상태에 처하게 되고 말지요. 오히려 정반대로 소극적이고 비겁하다고 주위에서 평하게 되면 자아관은 일관성과 통합성을 상실하게 됩니다. 자신에 대한 인식과 주위의 평가가 상반될 때 빚어지는 갈등이 결국 자아의 갈등으로 이어지게 되는 것이지요. 이러한 갈등이 극도로 심각할 경우 자아는 붕괴할 위험에 처하게 되기도 합니다. 즉, 분열 현상이 일어나게 되지요. 이런 분열 양상이 자리 잡게 되면, 어떤 영역에서는 자신이 인식한 대로 진취적이고 용감한 모습을 보이기도 하나 또 다른 영역에서는 소극적이고 비겁한 극과 극의 모습을 나타내기도 합니다.

이처럼 스스로 긍정적인 자아관을 가지고 있다고 하더라도 주변의 인식과 평가가 다른 경우 즉, 자아 붕괴의 위기에 처했을 때가

관계와 소통을 위한 공감 연습

있지요. 그럴 때 총체적인 자아관의 검열과 수정으로 인해 자신을 바로 세울 수 있습니다. 자신을 비판하고 몰아세우지 않고 성장을 위한 계기로 삼는다면, 위기를 극복할 수 있습니다. 앞서 예를 든 경우를 다시 살펴볼까요?

자신은 진취적이고 용감하다고 믿고 있지만, 주위의 평가는 사뭇 다른 경우 말이지요. 어쩌면 자신에 대한 왜곡된 인식이나 불안에 대한 심리적 방어기제(부인)를 써서 자신을 올바르게 바라보지 못해서 생긴 차이일 수 있겠습니다. 그럴 때, 주위의 부정적인 피드백에 대해 감정적으로 자기 자신을 공격하지 않는다면, 능히 극복할 수 있습니다. 일단, 자신이 그렇게 평가받을 수밖에 없는 상황을 직면해야 합니다. 자신을 후하게 여기거나 지나치게 좋은 쪽으로 과장해서 자신을 인식해온 것을 성찰할 수 있어야 합니다. 그렇게 자신에 대한 인식을 수정하면서 동시에 원하는 방향으로 조화를 이루기를 희망하고 이를 실천할 때 새로운 '자기타당'이 이뤄질 수 있습니다. '자기묘사'가 '자기타당'에 맞춰 수정되는 동안 아픔과 고통이 뒤따를 수 있습니다. 이러한 고통은 성장통이며, 성숙해지는 과정에서 오는 필연적인 아픔입니다. 부정적인 내면을 직면할 때 오는 정신적인 충격 혹은 고통의 상황을 버티고 성찰하며 바람직한 자신을 향해 나가게 된다면, '자기타당'을 위한 적극적인 노력이 일어나게 됩니다. 이때 수반되는 것은 '진정한 자아'입니다. 거짓되거나 과장하지 않는 자아관이 결국 긍정적인 자아관으로 재형성하는 버팀

성장을 넘어 성숙해지는 삶

목이 되는 것이지요. 이러한 과정은 험난합니다. 정도의 차이가 있겠지만, 자아가 붕괴할 위기에 있을 때 자아는 뒤흔들리고 무너질지도 모른다는 혼란 속에서 진정한 자아를 떠올리기 힘들 수밖에 없습니다. 그렇지만 그 어떠한 경우에서도 '진정한 자아'가 마음의 핵심을 이루고 있다고 여길 때, 위기는 성장을 위한 극복의 기회로 바뀌게 됩니다. '진정한 자아'를 분석심리학자 융Carl Gustav Jung은 '자기Self'라고 명명했습니다.

융은 '자기Self'를 각성하는 일이 결코 쉬운 일이 아니라고 했습니다. 자기는 숨겨져 있는 본성이기 때문이지요. 성경에 나오는 비유대로 말하자면, 자기는 이른바 '값진 보물'이나 '값진 진주'라고 할 수 있습니다. 자기를 체험하려면, 자기 내면을 주의 깊게 관찰하고 신중하게 고려하는 태도를 가져야 합니다. 이런 태도는 지혜 있는 이들만이 가질 수 있는 기다림의 태도인데, 신적인 능력이나 초월적인 능력은 고통 속에서 기다려본 사람만이 체험할 수 있기 때문입니다. 그들은 하나님이 이 세상에 있는 모든 이상스럽게 여겨지는 상황과 이해하기 어려운 일들을 만드셨다는 사실을 알고 있습니다. 우리가 내면을 주의 깊게 관찰하고 성찰하며 이를 즐길 때, 그 깊은 어둠 속에서 어떤 힘이 움직이는 것을 느낄 수 있습니다.

'자기Self'에 대해 좀 더 알아볼까요? 융에 의하면 인간의 정신을 의식과 무의식 영역으로 나눌 때 자아는 의식의 영역이고, '자기Self'

관계와 소통을 위한 공감 연습

는 무의식의 중심일 뿐만 아니라 전체 인격의 통일성과 전일성을 나타냅니다. 자기 원형은 한 사람으로 하여금 그 사람 자신이 되게끔 하는 인간의 무의식에 존재하는 근원적 가능성이라고 할 수 있습니다. 자기실현은 이러한 가능성을 자아의식이 받아들여 실천에 옮기는 능동적인 행위를 말합니다. 여기에는 자아의 결단과 용기와 인내심이 필요하지요. 이렇게 함으로써 비로소 무의식과 의식의 합일이 가능해집니다.

자칫하면 헷갈릴 수 있는 이러한 자아와 자기의 개념을 명확하게 설명하기 위해서는 하나의 원을 상상해보시기 바랍니다. 원의 바깥쪽은 무수한 점들로 이루어져 있고 위치가 다 다릅니다. 반면, 원의 한가운데에 있는 점은 고정 불변합니다. 그곳을 중심으로 해서 원을 완성할 수 있지요. 원의 중심점이 없다면 원 자체가 형성되지 않습니다. 원의 중심점이 바로 '자기Self'입니다. 원의 바깥쪽, 무수히 많은 점의 자리는 '자아ego'의 자리이지요. 원의 안쪽 부분으로 향해 가는 것이 무의식의 정중앙, 자기Self한테 가는 길입니다. 자기한테 가는 길은 한걸음에 이뤄지지 않습니다. 부단히 많은 관문을 통과하고 내면적으로 성숙해져야 도착할 수 있는 길입니다. 또한, 원의 중심점인 자기는 마음의 가장 깊은 곳인 중앙에 중심을 잡고 있지만, 홀로 외따로 존재하고 있지 않습니다. 인간 마음의 속성은 에너지이고, 그 에너지는 우주와 연결되어 있습니다. 그것을 자

성장을 넘어 성숙해지는 삶

각하는 것이 바로 '자기관'입니다.

원 안으로, 자기를 향해 가는 것이 바로 인생입니다. 자기를 인식하고 끊임없이 자각하는 이가 바로 '늘 깨어있는 자'입니다. 그런 이는 인생의 목적을 제대로 알고 삶의 의미와 가치를 가지고 살아가기 마련입니다. 그렇지만 대부분 원 밖으로 나가려고 합니다. 권력, 이상, 꿈, 성취, 갈망, 욕심과 욕망과 욕구들이 시선을 잡아끌기 때문입니다. 더 나은 직장, 승진, 인정, 직함을 얻고 추앙과 존경을 받기를 원합니다. 많이 가지고 싶고, 가진 만큼 우쭐거리게 됩니다. 나이가 들수록 그런 욕망은 강해집니다. 인간관계조차 이런 욕망에 알맞은 상대를 선택해서 맺기 마련입니다. 이러니 진실로 이뤄진 관계보다 이익에 얽힌 사회관계가 더욱 많아질 수밖에 없지요. 이렇게 자아가 팽창을 거듭해가는 동안 자신 안의 깊숙한 공간은 점점 밀도가 낮아져서 결국에는 빈약하기 그지없는 상태가 되고 맙니다. 그러다 보면, 내공이 없는 상태, 내적 에너지가 바닥인 상태에서 우울과 허무가 밀려오기 마련입니다. 인생의 길을 밖을 향해서 걸어가다가 어느 순간이 되면 발걸음을 안을 향해 걸어가야 합니다. 그런 삶의 터닝 포인트는 중년기 삶까지 간 후에라야 비로소 제대로 맞이할 수 있습니다. 대개 마흔 살 이후로는 자아를 향해 무작정 내달리는 걸음을 이제는 '자기Self'를 향해 원 안쪽으로 들어가는 것이지요. 그럴 때 삶의 의의와 목적, 가치와 소중함을 비로소 느끼고 현재의 삶을 귀하게 여길 수 있습니다. 이렇게 원 밖

관계와 소통을 위한 공감 연습

을 향하던 발걸음을 안쪽으로 걸어가도록 하는 것을 융Carl Gustav Jung식으로 표현하자면, '자기실현화 과정Self actualization', '개체화 과정individuation process'이라고 합니다. 자기개성화 과정은 본래의 자기가 되는 것을 의미하며, 융 심리학의 중심 개념입니다. 이 개념이 바로 내면의 성장과 변형의 과정입니다. 자아 사랑과 통합은 이 과정의 열매가 되는 셈입니다. 즉, '자기실현화'라는 여행을 완성함으로써 자신이 실제로 누구인지 그리고 무엇을 위해 살아가고 있는지를 온전히 깨달을 수 있습니다. 자기실현화 과정은 자기관을 형성하는 과정이며, 자기 안을 향해 들어가는 과정은 부단히 무의식을 의식으로 끌어내는 '의식화 과정'이라고 할 수 있습니다. 의식의 시야를 넓혀가면 좁은 의식의 중심이 점차 전체 정신의 중심으로 가까이 가게 됩니다. 또한, 하나가 된다는 것은 가지고 있는 각자의 전체가 되는 것입니다. 자기실현의 최고목표는 극과 극이 하나가 되는 '대극의 합일'입니다.

자기관을 형성하고, 자기실현 혹은 자기개성화 과정을 향해 걸어가는 자들은 끊임없이 행하는 것이 있습니다. 원 바깥에서부터 시작하자면, 페르소나, 그림자, 자기 안의 또 다른 성인 '아니마(남성의 내면에 있는 여성성)'와 '아니무스(여성의 내면에 있는 남성성)'를 모두 껴안고 '용서'하는 것입니다. 그것은 융합하고 스며들어 녹이는 과정이지요. 대립하고 반격하며 공격하고 싸우는 식이 아닙니다. 흔히 마음을

성장을 넘어 성숙해지는 삶

잘 먹으려면 자기 자신과 싸워야 한다고 말하곤 하지요. 타인에게는 관대하되 자신에게는 엄격해야 한다고도 합니다. 그 말이 어떤 훈련 과정이나 체득 과정에서는 맞는 말처럼 쓰이기도 하지만, 그 말이 다 옳지는 않습니다. 오히려 자신을 '용서'하라는 말이 훨씬 더 중요하고 필요합니다. 이것은 무조건 자신의 모든 것을 방종하듯이 팽개치면서 내버려 두라는 말이 아닙니다. 진정한 '용서'는 사랑에서 나옵니다. 용서를 위해서라면 그 존재를 직면해야 합니다. 자신이든 타인이든 그렇지요. 용서할 대상이 누구인지 어떤 존재인지 바라보는 것이 먼저니까요. 자기 내면을 직면하고 용서할 때, 한층 더 깊은 마음의 단계로 진입할 수 있습니다. 이를 융Carl Gustav Jung은 정신 치료의 일차적 목적이 바로 사람들에게 너무 소란을 피우지 말고 자기 자신과 사이좋게 어울려 살아가도록 하는 것이라고 말했습니다.

올바른 인간관계는 치열한 전쟁이 아니라 온화한 용서 속에 있습니다. 자신에게 또는 타인에게, 나아가 세상을 향한 용서는 용감할 때 일어날 수 있습니다. 다른 대상에게 책임을 전가하지 않겠다는 적극적인 주체의 의지가 바로 '용서'입니다. 내면에 '자기Self'가 존재한다는 사실을 늘 자각하는 '자기관'을 가지고 용서하면서 살아나가는 것이 바로 인간관계를 비롯한 삶의 태도의 핵심입니다.

그렇다면, 무엇을 용서해야 할까요? 용서의 기준은 어디에 있을

관계와 소통을 위한 공감 연습

까요? 무엇을 용서하고, 용서하지 않아야 할까요? 아이러니하게도 이 질문은 잘못되었습니다. 용서에는 원칙만 있을 뿐, 아무런 기준이 없습니다. 용서하는 만큼 내면이 성장하고, 자기를 향해 내면 안으로 다가설 수 있습니다. 성경의 마태복음 18장 21절에서 22절을 보면, 이런 말씀이 나옵니다.

> "그 때에 베드로가 나아와 가로되 주여 형제가 내게 죄를 범하면 몇 번이나 용서하여 주리이까 일곱 번까지 하오리이까 예수께서 이르시되 네게 이르노니 일곱 번뿐 아니라 일곱 번을 일흔 번까지라도 할지니라"

누가복음 17장 3절과 4절에도 예수님이 전한 이런 말씀도 있습니다.

> "회개하거든 용서하라 만일 하루 일곱 번이라도 네게 죄를 얻고 일곱 번 네게 돌아와 내가 회개하노라 하거든 너는 용서하라"

딱히 숫자를 말하는 것이 아니라 무한대로 가능한 한 많이 '용서하라'라는 말을 전한다는 것을 깨달을 수 있습니다. 또한 '회개하거든'이라는 단서가 붙긴 했지만, 이미 용서 쪽으로 마음의 방향을

성장을 넘어 성숙해지는 삶

틀고 있을 때, 상대방의 회개를 들을 수 있을 것입니다. 즉, 어떠한 상황에 대한 부정적인 에너지에서 놓여나서 자신을 먼저 용서하라는 메시지로 읽을 수 있습니다. 용서하기 이전에는 그러한 일이 유발되는 상황에 대한 분노, 원한, 책망, 좌절, 배신감 같은 부정적인 감정과 영향력에 매몰되어 있기 마련입니다. 상대방이 용서를 청한다면, 다행하게도 '용서'를 할 수 있는 구실이 있겠지만, 많은 경우 상대방은 용서를 청해오지 않기 일쑤입니다. 용서를 청해오고 상대방이 먼저 회개하기만을 기다리다 보면 자신의 마음이 피폐해지고 완악해질 수밖에 없지요. 그 마음이 바로 '화'이며, 화는 가지고 있을수록 치명적인 독이 됩니다. 그러니 먼저 용서하는 것이 맞습니다. 다음과 같은 성경 말씀을 들여다볼까요?

> "원수를 사랑하며 너희를 미워하는 자를 선대하며 너
> 희를 저주하는 자를 위하여 축복하며 너희를 모욕하
> 는 자를 위하여 기도하라"

누가복음 6장 27절에서 28절에 기록된 예수님의 말씀입니다. 이 말씀 중에 선대善待는 '친절하게 잘 대접한다'라는 뜻이 있습니다. 미워하는 자를 친절하게 잘 대접하라는 것, 저주하는 자에게 축복하라는 것, 모욕하는 자를 위해 기도하라는 것은 도대체 무슨 말씀일까요? 예수님은 우리가 모순투성이고 어쩔 수 없이 육체

관계와 소통을 위한 공감 연습

적 욕망을 추종하는 인간이라는 사실을 망각하셨던가요? 우리에게는 '자기Self'가 있습니다. 이 자기는 유한한 인간성을 극복하고 초월할 수 있게 합니다. '자기Self'는 우주의 에너지, 신적인 영역과 감응하기 때문입니다. 그렇기에 모든 것은 '자기 자신'으로부터 출발해야 합니다. 자신의 마음 밖에서는 구할 수가 없습니다. 불교에서도 이러한 말이 나옵니다. '무주상보시無主相布施'는 상에 머무르지 않는 보시를 뜻합니다. '보시布施'란 '남에게 내 것을 베풀어 준다'라는 뜻이지요. 그런데 '상(모양)'에 머무르지 않는다'라는 것은 내가 내 것을 누구에게 주었다는 생각조차도 버리는 것을 말합니다. 내가 착한 일을 행하였다고 생각하는 순간에 나에게는 자만심과 자긍심이 생겨나서 진정한 선행이라고 할 수 없기 때문입니다. 이러한 보시는 보살을 통해 잘 나타나는데 보살은 위로는 진리를 구하고 아래로는 중생을 구제하는 사람을 말합니다. 무주상보시는 "먼저 사람에게 보이려고 너희 의를 행치 않도록 하라"는 마태복음 6장 1절의 말씀이나 "오른손이 하는 일을 왼손이 모르게 하라"라는 말씀과도 연결됩니다. 결국, 이러한 말들은 인간관계의 핵심이 자아를 잘 드러내지 않고, 타인이 자신을 몰라주는 것을 '용서'하는 데 있다는 것을 보여줍니다. 또한, 이러한 '용서'는 다른 말로 하자면 '사랑'이며, 사랑의 범위는 수치로 계산할 수가 없습니다. 그리하여 삶은 자기실현의 역사이고 자기만의 신화를 완성해가는 것입니다. 그 핵심에 '용서'와 '사랑'이 있습니다.

49

'자기관'은 내면에 우주의 에너지(또는 신)와 연결된 근원적 힘을 가지고 있다는 사실을 함의하고 있습니다. 통합예술·심리치료인 심상시치료Simsang Poetry Therapy식으로 말하자면, '자기관'은 마음의 빛을 자각하는 능력'을 말합니다. '자기 이해'는 이러한 자기관을 염두에 두고 자기를 향해 가고자 할 때 지금, 현재를 기점으로 자기 자신의 좌표를 보는 것입니다. 좌표의 정중앙에는 '자기Self'가 존재하며, 그곳으로 가기 위해서 지금, 현재의 '자기 자신을 이해'하는 것을 뜻합니다. 즉, '자기 이해'는 '자기Self에 대한 이해'가 아니라 '자기Self를 향해 가는 과정에서 지금, 현재, 이 순간의 자기 자신을 이해한다'라는 말을 줄여서 일컫는 것입니다.

자아관의 위기는 건강한 자기관을 바탕으로 극복할 수 있습니다. 인간은 홀로 존재하는 것이 아니라 우주의 에너지(신)가 함께 하기 때문입니다. 그리하여 성숙한 자아관을 가질 때 세계에 대한 인식의 정도인 세계관 또한 건강해질 수 있으며, 바람직한 인간관계를 형성할 수 있습니다. 인간관계란 인간 상호 간에 자연 발생적으로 형성되는 것을 시작으로 합니다. 이는 본성이나 직접적인 접촉으로 이뤄지며, 지속해서 유지됩니다. 인간관계는 내면적이면서 감정적인 인간 대 인간의 관계를 말합니다. 이러한 개념은 조직이나 집단으로 한 구성원들 간의 상호 관계라는 외적이면서 제도적인 측면보다 현실적이고 인간적인 내적 교류를 가리킵니다. 부정 분열적

인간관계가 아니라 긍정 통합적 인간관계를 이룰 때, 다음과 같은 경험을 하게 됩니다.

첫째, 자신의 삶을 고립하지 않고 열려있는 삶, 소통하고 공존하는 삶으로 나아갈 수 있습니다.

둘째, 삶 속에서 일어나는 다양한 사건들을 극복하고 해결할 수 있는 내면적인 힘을 기를 수 있습니다.

셋째, 삶의 목적과 의의를 명확하게 제시하고, 자신의 삶을 가치 있게 여길 수 있습니다.

넷째, 주어진 삶의 길, 고통과 시련의 현상에 대해 수용함으로써 용서의 힘을 체득한 삶을 살아나갈 수 있습니다.

다섯째, 타인에 대한 부정과 의심을 가지는 편집적 성향을 벗어나 평안하면서 현실을 잘 헤쳐나갈 수 있다는 주체적인 마음을 가질 수 있습니다.

여섯째, 상황에 대한 부정적 인식에서 벗어나서 긍정적으로 대상을 새롭게 재해석하는 능력을 생성할 수 있습니다.

일곱째, 때때로 행운이 찾아오지 않는다고 하더라도 좋은 일이 일어날 것이라는 희망과 예감을 가지고 인생의 길을 포기하지 않고 걸어갈 수 있습니다.

여덟째, 삶의 빛과 그림자를 함께 수용하고 포용하는 마음으로 자신에게나 타인에게나 너그럽고 이해심이 깊으며 친절

성장을 넘어 성숙해지는 삶

과 배려가 진심으로 우러나올 수 있습니다.

아홉째, 실수와 실패를 보는 안목이 관대하고 긍정적이어서 상처를 극복하는 탁월한 비결을 스스로 창출할 수 있습니다.

열째, 긍정적인 파동의 기점으로 주위에 긍정적이면서 창조적인 인간관계를 형성할 수 있습니다.

인간이 추악해질 수 있는 바닥은 끝이 보이지 않을 지경입니다. 뉴스 등의 미디어에 등장하는 인간의 군상은 거의 추악의 정도를 넘어서 엽기적인 행태를 보입니다. 도대체 인간이 꽃보다 아름답다고 말하는 이유는 어디에 있을까요? 팥을 심으면 팥이 나고 콩을 심으면 콩이 납니다. 노랑꽃을 심으면 당연히 노랑꽃이 피어나지요. 인간은 어떠한가요? 끊임없이 변화의 가능성을 지니고 있습니다. 좋은 유전자를 받아 태어났지만, 자라오는 환경과 자신의 선택과 결정 의지에 따라서 부정적인 삶을 살 수도 있고, 그 반대의 경우도 있습니다. 선천적으로 치명적인 장애로 태어났지만, 각고의 노력과 주위의 응원에 힘입어 행복한 삶을 살아나가는 이도 있습니다. 콩 심은 데 콩이 나지 않는다면, 그것은 자연의 원리를 거스르는 것이 아니라 초자연적인 섭리를 따르고 있다고 말할 수 있을 것입니다. 초자연적supernatural이란, 감각 경험의 영역 위에 존재하거나 그것을 뛰어넘어 존재하는 영역을 말합니다. 자연의 법칙을 초월한 신비적인 존재나 힘 또는 자연적 원인이 낳을 수 없는 것을 의미하지요. 그것이 바로 인간이 꽃보다 아름다운 이유입니다. 인간은 도무지 부정에서 긍정이 일어나는 엄청난 변화를 해낼 수 있으니까요.

즉, 인간의 삶이 아름답다고 표현할 수 있는 것은 바로 성찰과 통찰로 말미암아 '변화'가 일어나기 때문입니다. 그것은 있는 그대로의 삶 속에서 매 순간 소중하다는 인식으로 인해서입니다. 삶이 귀하다는 인식은 또한 삶의 마지막인 죽음의 인식에서 빚어집니다. 죽음의 순간에 맞이할 수 있는 '평온'은 두 가지 차원에서 우리에게 큰 영향을 가집니다.

첫째는 살아있는 사람에게 끼치는 아름다운 영향력입니다. 남아있는 가까운 사람들도 고인의 죽음에서 가지는 평온함이 전달되어 슬픔 가운데서도 평온함을 얻게 되지요. 이러한 평온함은 마치 공명처럼 주위에 전달됩니다. '죽음'을 수용하는 용기는 그저 오지 않습니다. 여러 고난의 순간들을 극복하고, 삶의 여러 우여곡절에서도 진정성 있게 살아냈을 때 비로소 가지게 됩니다. 만약 피치 못할 사고나 예기치 못했던 사건으로 인해 죽음에 이르게 된다고 하더라도 '평온함'은 가능합니다. 살아있는 동안 행했던 선한 언행들이 주위에 본보기가 되고 가까운 이들의 기억 속에 온전히 머물러 있기 때문입니다. 반면, 자살하게 될 때 그동안의 삶이 주위에 좋은 영향을 주었다고 하더라도 마지막 순간에서는 평온함과 멀리 있게

성장을 넘어 성숙해지는 삶

됩니다. 우리가 극단적인 선택을 하지 않아야 할 이유가 바로 여기에 있습니다. 순리대로 살다가 죽을 때, 헛된 갈망을 내려놓고 가지는 평온함은 남은 자들이 가지는 상실의 고통을 견디게 하는 힘이 됩니다.

둘째는 죽은 자신에게 돌아오는 아름다운 영향력입니다. 현시대는 죽음 이후의 세계가 있다, 없다고 규정되어 왔던 논란에 종지부를 찍을 수밖에 없습니다. 죽음을 근사 체험한 이, 즉 '임사체험자NDE: Near Death Experience'나 죽음을 연구해온 일군의 학자들이 제시하는 지식으로 인해 사후에도 삶이 있다는 사실을 수용할 수밖에 없습니다. 죽음 직전의 마음의 상태는 죽음 이후의 삶까지 영향을 미치게 됩니다. 삶의 마지막 순간을 끊임없이 자각할 때, 지금, 현재, 이 순간의 삶을 귀하고 가치 있게 살 수 있습니다.

자신에게나 타인에게서 '아름다움'을 발견해내고 포착하는 능력, 즉 예술관과 심미관을 삶에 적용하게 될 때, 우리의 삶은 아름다워질 수 있습니다. 바로 그것이 바람직한 인간관계를 향한 첫걸음입니다. 자신에게 긍정적인 측면을 발견하는 것만큼 타인에게서 긍정적인 면을 파악하고 이를 바탕으로 관계를 맺는 것이 중요합니다. 에너지는 상호교류하기 때문에 상대방의 부정적인 면을 꼬집어서 평가하는 것은 부정적 에너지를 유발하게 됩니다. 긍정적인 에너지를 원활하게 주고받을 때, 신뢰나 우정이 돈독해지게 되지요. 그럴

관계와 소통을 위한 공감 연습

때 우리의 삶의 행복도와 질은 높아질 수 있습니다. 아름다운 인간 관계를 위해서 '더불어 행복해지는 십계명' 열 가지를 제시하고자 합니다.

① 이 세상에는 나 혼자 살아나갈 수 없다는 사실을 기억합시다.

② 누군가를 만난 것이 최악이라 하더라도 결국 순리대로 극복해나갈 것을 믿읍시다.

③ 누군가를 만난 것이 최고라고 하더라도 언젠가는 떠나보내야 한다는 것을 받아들여 봅시다.

④ 매일 감사한 것을 한 가지씩 꾸준히 떠올립시다.

⑤ 나를 응원해주는 누군가가 있다는 사실을 떠올려 보세요. 그 대상은 이 세상에 살아있거나, 이미 돌아가셨던 분, 혹은 사람이 아닌 어떤 존재 가운데 분명히 있습니다.

⑥ 누군가에게 도움을 받았던 일과 도움을 주었던 일에서 조금씩 도움을 주는 일을 늘려봅시다.

⑦ 즐거움과 기쁨을 나눌 수 있는 사람을 마련해봅시다.

⑧ 내가 이 세상에 태어난 것에 대한 필연적인 이유를 세상과 연관 지어 깨닫고, 어떠한 어려움에도 불구하

성장을 넘어 성숙해지는 삶

고 그 목적을 향해 나아갑시다.

⑨ 아무리 최악인 사람에게도 그 사람만의 장점이 있다는 것을 기억하고 찾아봅시다.

⑩ 매일매일의 삶은 영혼을 성장하기 위한 절호의 기회이며, 이러한 영혼의 성장은 타인과의 관계 때문에 형성된다는 것을 기억합시다.

# 용서하기

세상과 화해하고 이겨 나가는 힘

소설 《카스테라》

## 카스텔라의 탄생

카스텔라는 거품을 낸 달걀에 밀가루와 설탕 등을 버무려 구운 양과자를 말합니다. 바른 표기는 카스텔라castella이지요. 이 말은 에스파냐의 옛 지방인 카스티야를 포르투갈어로 읽은 것이며, 그곳에서 만든 과자를 그대로 '카스텔라'라고 했다고 알려져 있습니다. 카스텔라의 원료는 달걀·설탕·밀가루·소금·물엿·꿀 등인데, 그 배합량이나 굽는 방법에 따라 맛이 여러 가지입니다. 누구나 한 번쯤은 먹어봤을 카스텔라. 여기에서는 박민규[3]의 소설인 《카스테라》를 말

3 박민규(1968~): 울산 출생. 중앙대학교 문예창작학과 졸업. 소설집으로 《지구영웅전설(2003)》,《삼미슈persona즈의 마지막 팬클럽(2003)》,《카스테라(2005)》,《핑퐁(2006)》,《죽은 왕녀를 위한 파반느(2009)》,《더블(2010)》,《누먼 자들의 국가(2014)》가 있다. 2003년 한겨레문학상, 2003년 제8회 문학동네 신인작가상, 2005년 제23회 신동엽창작상, 2007년 제8회 이효석문학상, 2010년 제34회 이상문학상 대상을 수상하였다.

하려고 합니다.

## 소설 《카스테라》에 관하여

소설 《카스테라》를 읽기 시작할 때 들어야 할 음악이 있습니다. 〈냉정과 열정 사이〉의 OST로 알려진 〈What A Coincidence〉입니다. 냉정과 열정 사이에는 무엇이 있을까요? 증오와 사랑 사이에는? 미움과 그리움의 사이에는? 말을 좀 바꿔서 냉장고와 용광로 사이에는?

이 음악은 잔잔합니다. 평온하기 그지없지요. 광풍이 밀려오고 파도가 치고 돛대가 뽑히고 몇몇이 급한 물살에 실려 사라진, 그런 날이 언제였나 싶습니다. 음악은 한들한들 고운 바람 냄새가 납니다. 바람은 곧추세운 나무의 우듬지 쪽으로 다가와 외로운 머리를 살살 어루만져 주는 것만 같습니다. 그러니까 굴곡과 굴곡 사이의 계곡 안으로 들어선 느낌입니다. 곤두세워 날카로운 등을 대고 풀밭에 누워 하늘을 올려다보게 하는 온화함이 묻어있습니다. 구름은 하나같이 재미있는 얼굴로 둥둥거리고 있습니다. 이제 소설 안으로 들어가 볼까요?

냉장고의 전생을 말할 수 있는 상상력은 도대체 어디에서 오는지 놀랍습니다. 소설 첫 문장에서 만날 수 있는 문구에 독자들은

관계와 소통을 위한 공감 연습

어리둥절할 수밖에 없게 됩니다. 칠장으로 이어진 소설 중, 첫 도입부 격인 일장을 읽어 가면서 우리는 만화 속으로 들어간 착각에 빠집니다. 주인공은 소음이 심한 냉장고입니다(어쩌면 전생에 홀리건이었을 지도 모르는). 그리고 화자인 '나'를 알게 되지요. 나는 냉장고와 같이 기숙한 지 2년쯤 되는 대학생입니다. 글 구절에서 따온다면, 나는 '늘 불쾌할 정도로 외롭습니다' 그러던 어느 날, 나는 '냉장고는 인격이다'라고 명명하게 됩니다. 냉장고를 친구로 인식한 이후 냉장고에 대해 좀 더 잘 알게 되는 것은 당연한 일일 것입니다. 냉장고의 역사에 대해, 수리에 대해 나름대로 골몰하게 됩니다. 그리고 '나'는, '냉장의 세계에서 본다면 이 세계는 얼마나 부패한 것인가'라는 가치관을 가지고 있습니다. 게다가, 뭔가 '근사한 용도로' 냉장고를 사용하자고 결정한 뒤 기상천외한 일이 벌어지고 말지요. 조나단 스위프트의 《걸리버 여행기》가 시작이었습니다. 다음으로는 아버지를, 어머니를, 학교를, 대통령… 급기야 미국을 몽땅 냉장고 안에 집어넣고 말지요. 어떻게 그럴 수 있을까요? 황당하기 이를 데 없습니다. 소설의 핍진성(문학 작품에서, 텍스트에 대해 신뢰할 만하고 개연성이 있다고 독자에게 이해시키는 정도)에 위배 되는 글이라고 치부한다 해도 어쩔 수 없는 이야기가 탄생했습니다. 하지만 조금 더 참아야 합니다. 이 글이 황당무계한 만화인 듯하나 알맹이도 하나 없는 글이라고 제쳐놓기에는 아직 이르니까요.

소설 속의 '나'는 냉장고에 넣는 원칙을 '소중하거나 해악인 것'으로 설정해 놓고 있습니다. 왜 그럴까요? 주인공의 생각 속에 해답이 있습니다. 세상은 부패하기 때문이지요. 소중한 것은 소중한 대로 고스란히 냉장시킬 것. 해악인 것은 꽁꽁 싸매어서 얼려버릴 것. 그래서 세상이 냉장고에 들어가게 된 것이지요. 그러고 나서 '나'는 곰곰이 생각합니다. 사람이 죽은 뒤, 영혼은 성층권이라는 이름의 냉장고에서 신선하게 보존되는 것이라고. 이쯤 되면, 공연히 재미있게 빨리 읽던 속도가 주춤거리게 됩니다. 그, 것, 은…… 갑자기 재미가 없어서가 아니라 '생각'을 하게 되기 때문이지요. 모든 것을 냉장고에 집어넣어 꽁꽁 얼리거나 냉기 가득하게 만든 다음, 죽음과 영혼이라니. 소설의 마지막 장에 이르러서 깜짝 놀라게 됩니다. 그렇게 기발한 상상력으로 만화처럼 굴던 글이 별안간 철이 드는 것을 보게 됩니다(사실, 우리도 덩달아 철이 들지요). 세기의 마지막 밤이 끝나고 새로운 세기가 시작된 아침, 알고 보면 늘 돌아오는 아침에 불과하지만, 그 아침에 모든 것은 달라지고 맙니다. 온갖 것들을 다 얼리고 냉장시켜 버렸던 실체들이 별안간 사라지고 만 것입니다.

냉장실의 정중앙에 희고 깨끗한 접시, 그리고 '카스텔라'가 놓여 있습니다. 놀랍게도 따뜻한 반듯하고 보드라운 직육면체, 부드럽고 달콤한, 모든 것을 용서할 수 있는 맛이 놓여있습니다. 소설은 '나는 눈물을 흘렸다'로 끝을 맺습니다. 기괴하고 발랄한 상상 속을 함께 달려온 독자들은 가슴 저미는 '무엇'을 느끼게 됩니다. 썩을 놈의 세상 운운하며, 세상을 상상력으로 '받아 쳐버린' 나는, 세상에 관

관계와 소통을 위한 공감 연습

한 애정을 깡그리 없애고 말지요. 전생에 열정으로 넘쳐나는 훌리건이 현생에는 냉정으로 변한 것입니다. 냉장고에게 인격을 부여한 이상, 내 마음은 차갑기 그지없습니다. 세기말적인 염세가 깔린 행동을 저지른 것입니다. 세상에, 세상을 냉장고에 집어넣다니요! 그러고도 유쾌할 수 있다면, 그리하여 유쾌로 끝난다면, 이 소설은 읽을 필요가 없습니다.

새로운 세기가 시작되는 아침. 아마도 2000년, 첫 아침. '나'와 '나'를 지켜보는 우리는 '카스텔라'를 만나게 됩니다. 20세기를 얼룩지게 해온 이데올로기, 전쟁과 다툼과 장벽들을 모조리 얼려두고, 소중한 가족마저, 또는 소중하여서 냉장고에 집어넣고 외면하려는 우리는, 사실 지독하게 슬픕니다. 슬픔마저 얼려버리면 될까요? 외로움마저? 그러면 행복이 찾아올까요?

작가는 '나'를 통해 말하고 있습니다. 화해와 용서할 수 있는 부드러움. 뼈가 하나도 없는, 입 안에 넣으면 살살 녹는 부드러운 '카스테라'가 있다고. 결국, 세상과 화해하고 이겨나가는 방식은 카스텔라일 것입니다. 그것은 냉정과 열정 사이, 휘몰아치거나 가뭄에 쩍쩍 갈라진 여러 날을 보낸 끝에 부드럽게 찾아든 어느 날입니다. 굴곡과 굴곡 사이. 태아 적의 웅크림처럼 가만히 기대어서 눈을 감고 하늘을 볼 수 있는 그 계곡으로 우리를 이끄는 것입니다.

변화 많고, 혼란스러운 새로운 세기를 시작한 지 수십 년이 지

용서하기

났습니다. '부드러움'이 기적의 치유가 되기를, 우주의 힘이 부드럽게 우리를 감싸주기를 희망하는 이 소설의 힘을 읽어 내는 순간, 싸늘했던 마음이 훈훈해져 옵니다. 분석심리학자 융Jung식으로 말하자면, 합리와 비합리가 융합되어 무한한 의미를 잉태하는 조화와 균형이 이뤄진 상태, '대극의 합일'이 된 것입니다. 소설의 주제와 정반대되는 '냉장고'를 등장시킨 것은 사실, 기가 막힌 우연의 일치What A Coincidence이지만, 우연만은 아닙니다.

◆ 자신의 내면에 웅어리진 마음을 스스로 들여다보고 직면할 수 있습니다. 또한, 용서할 수 있는 근원의 힘이 자기 자신한테 있음을 알아차릴 수 있으며, 이러한 변화의 시도로 진실한 인간관계를 이어갈 수 있는 잠재력을 가질 수 있습니다.

관계와 소통을 위한 공감 연습

# 긍정하기
내면의 그림자를 녹이는 힘

시 〈얼음의 자서전〉

## 얼음의 자서전

먼저, 〈얼음의 자서전〉이라는 시를 감상해 볼까요?

얼음의 자서전

나는 얼음 학교들을 다니면서 얼음이 되어 버렸다. 세
상은 냉동 공장이었다. 아버지, 선생, 독재자, 하느님
에 이르기까지 얼음 생산에 열심이었다. 결빙으로 딱
딱해진 스무 살 이후에는 눈물샘마저 얼어붙었다. 나

는 얼음의 성이었다. 하얀 빙벽을 두른 고독으로 얼음의 자아를 고집했다. 아무도 내 안으로 들어올 수 없었다. 사랑의 불길조차 나에게 닿으면 꺼져버렸다. 빙벽의 시간 속에서, 가족들은 나를 어떻게 생각했을까. 거만하다고 말하지는 않았지만 거만하다고 생각하지 않았을까. 얼음동굴의 얼음도끼들, 내 수염이었던 고드름들, 결빙의 세월을 길게도 나는 살아왔다. 빙하기로 기록해 둘 만한 자아의 역사!

최승호[4]


## 얼음자서전에 얼음은 없다.

이렇게 솔직한 자서전이 다 있다니요! 세상 모든 자서전들을 몽땅 얼려버리고 말았습니다. 시적 자아persona가 보기에 세상은 냉동공장이었습니다. 이 세상에 살게 했고, 살아오는 동안 막강한 영향력을 미친 사람들 아버지, 선생, 독재자, 하느님을 죄다 얼음만 만들

4 최승호(1954~) : 강원 춘천 출생. 춘천교대 졸업. 1977년 《현대시학》에 시 〈비발디〉 등을 발표하여 등단. 제6회 오늘의 작가상 수상(1982). 제5회 김수영문학상 수상(1985). 아산 문학상 수상(1990). 〈텔레비전〉으로 제3회 미당 문학상 수상(2003). 시집으로는 《대설주의보(1983)》, 《고슴도치의 마을(1985)》, 《진흙 소를 타고(1987)》, 《세속도시의 즐거움(1990)》, 《회저의 밤(1993)》, 《반딧불 보호구역(1995)》이 있다.

관계와 소통을 위한 공감 연습

고 말았습니다. 차갑고 부동의 자세를 견지하도록 만드는 숱한 사건들과 상황 속에서 나는 점점 얼음이 되고 만 것이지요. 자신을 내세우지도 않고 표현하지도 않은 채 살아왔습니다. 내 감정을 돌보고 나를 들여다볼 수도 없었지요. 얼음이 되어야 했기 때문입니다. 냉철하고 때로는 예리하게 상황을 판단하고 행동해야 했기 때문입니다. 무엇이든지 담지 않고 흘려 버리거나 미끄러뜨리는 것이 수단이라고 여기며 살아왔습니다. 삶의 가장자리부터 살얼음이 얼던 것이 스무 살 즈음에는 단단하고 견고해지기 시작했습니다. 웬만한 일에는 감정을 드러내지 않는 게 처세였지요. 어금니를 꽉 깨물고 살아오는 동안 마음은 단단하고 굳어지고 딱딱해져만 갔습니다. 스스로 만든 얼음의 성안에서 추위를 악물고 견뎌냈습니다. 아무도 들어오지 않을 나만의 성. 견고하기 이를 데 없고 추위의 극치를 달리는 성. 누군가 사랑의 불길을 피워 올려서 문 앞까지 왔다가도 문고리에 닿는 즉시 냉기에 와락 꺼지게 했던 그런 얼음의 성입니다. 그렇게 둘러치고 살았던 순간들 속에서 가장 가까이에 있던 가족들은 나를 어떻게 생각했던가요. 그 시기를 지나고 온 지금에서야 돌이켜보니, 그때의 나는 거만하기 이를 데 없었습니다. 그것은 참 이상한 일이기도 합니다.

처음부터 그러지는 않았거든요. 나는 말랑말랑하게 태어났습니다. 주무르는 대로 어떤 형상을 충분히 잡아갈 수 있었지요. 세상은 무척 신비했습니다. 놀라움으로 가득 차 있었지요. 보이고 만

긍정하기

지는 것들은 호기심이 가득한 것들이었습니다. 손에 잡는 족족 입에 갖다 대기도 했지요. 세상에서 우러나는 맛을 보고 느꼈습니다. 거대한 눈과 손들이 손사래를 치기도 했지요. 그러면 안 돼! 이렇게 해! 그런 저지의 순간을 처음 접했을 때, 나는 적지 않게 놀라곤 했지요. 그리고 이내 저지의 몸짓을 잊고는 다시 세상과 더불어 놀았습니다. 구르기도 하고 뒹굴기도 했지요. 또 금지의 손들이 등장했습니다. 안돼! 그러지 마! 이렇게 하란 말이야! 나는 마음대로 할 수 없는 것과 할 수 있는 것들이 무엇인지를 배워야 했습니다. 그러는 동안 마음대로 할 수 있는 영역이 점점 줄어들고 있었지요. 심지어는 마음대로 할 수 있는 것들도 알아서 점점 금지의 구역에 들어가서는 얌전히 자리를 잡았습니다. 저지의 음성은 그것을 착하다고 칭찬했습니다. 아마도 처음에는 칭찬받기 위해서였을 것입니다. 시간이 지나서는 그런 칭찬 없이도 행동하고 있었지요. 외부가 아니라 내 안에서 자동 입력되어 들려오는 칭찬 때문이었습니다. 돼, 안돼의 틈 사이에서 골똘하게 헤매는 경우가 점점 드물어졌습니다.

나는 할 수 있거나 할 수 없을 뿐이었습니다. 명료한 결정을 내릴수록 나는 점점 얼음이 되어가고 있었던 것이지요. 관계가 명확할수록 인간관계는 매끄러웠습니다. 친절하지만, 명확했지요. 맞는 것은 맞고, 틀린 것은 틀렸으니까요. 맺고 끊고를 명확하게 하는 동안 인간관계는 분명했습니다. 그것은 얼음의 속성과도 같았지요. 흐르지 않고 멈추는 것. 혼탁하지 않고 깨끗한 것. 도리에 어긋나

관계와 소통을 위한 공감 연습

지 않고 이성적인 것. 과하지도 모자라지도 않고 딱 그만큼만. 골치 아픈 것도 없고, 심각한 것도 없었지요. 대화기술도 능수능란해졌습니다. 이성과 판단에 치우치며 감정에 휘말려 들지 않는 것. 관계를 숙성시키지는 않지만, 적어도 서로 상처를 줄 위험을 피하는 게 수였지요. 적당히 옅게 맺는 것. 그것이 공명정대한 인간관계의 기술이었지요. 그게 뭐가 나쁜가요? 그것이 뭔가 잘못이라도 되는가요?

얼음동굴에서 얼음도끼를 들고 내리치는 것만큼 시원한 게 없습니다. 도끼를 휘두르는 것은 제대로 잘라내야 할 게 많은 탓입니다. 하지만 나는 거만했습니다. 그때는 느끼지 못했지만, 지금 생각해보니 거만하기 짝이 없었지요. 내 정체성은 너무나 완벽해서 누군가 끼어드는 것을 참지 못했습니다. 그것은 타인이 아니라 나를 얼어붙게 했습니다. 완벽한 인간관계를 맺고 있다고 자부했지만, 사실은 피상적인 것에 불과했습니다. 누군가를 아프게 하거나 힘들게 하지도 않았지만, 누군가를 품거나 안지도 못했습니다. 어쩌면 오래된 습관처럼 굳어져서 내 안에 얼음이 아닌 다른 것이 자라고 있다는 생각을 스스로 버리게 했습니다. 그럴수록 나는 얼음이 되고 말았지요.

그 완벽한 얼음의 상태에서 나는 어떻게 벗어나게 되었을까요? 그것은 얼음이 녹는 일들이 벌어졌기 때문입니다. 처음에는 내 정체성이 사라질 수 있는 위기 상황이라고 여기며, 더욱 철저하게 얼려버릴 방안을 생각하기에만 급급했습니다. 그런 위기가 몇 번이고 거듭되자 뭔가 다른 사실을 알아차리게 되었습니다. 나한테서 떨어져 나갔던 얼음들이 사라진 게 아니라 '물'이 되어 흐르고 있는 것을 발견하게 된 것입니다. 없어지는 것이 아니라 흘러서 다른 누군가를 만나고, 함께 스며들어서 하나가 되어 흐르고 있었던 거지요. 그것은 놀라운 사실이었습니다. 온전히 누군가를 만나서 함께 하나가 되어 흘러갈 수 있다는 것은 여태껏 내가 배워왔고 알고 있던 세상이 아니었습니다. 이상하다고 고개를 갸웃거리고 있을 때, 내안에서 어떤 목소리가 외치고 있었습니다. 위험해! 더 단단히 너 자신을 잡아당겨! 녹아서 사라지면 끝장이야! 하지만 그런 과정이 거듭되자 나를 이루는 얼음의 성벽은 조금씩 허물어지고 있었지요. 녹기 시작한 부분이 흘러가고 있는 광경을 지켜보는 시간이 많아졌습니다. 처음에는 녹기 시작한 것을 막기 위해 떨어져 나간 부분을 지켜봤다면, 이제는 있는 그대로 녹아 흐르는 것을 지켜보게 되었습니다. 그렇습니다. 있는 그대로의 나를 바라보게 된 것입니다.

나는 줄어들었지만, 더 넓고 많이 늘어나고 있었습니다. 얼음의 빙벽은 조금씩 허물어갔지만, 나는 더욱더 잘 흐르고 있어서 이제는 '흐름'이 무엇인지 알 수 있게 되었습니다. 그제야 내 마음속 오래된 서랍을 기억할 수 있었지요. 얼마나 오래도록 닫아걸고만 있

관계와 소통을 위한 공감 연습

었던가요. 한때 가졌던 말랑말랑한 세상이 무척 그리웠습니다. 살아갈수록 말랑거림이 사라질 뿐이라는 생각이 나를 얼어붙게 했던 거지요. 다들 그렇게 살고 있다며 스스로 설득하기도 했지요. 사실, 모든 결빙은 얼마나 견고한가요. 저마다 간격을 두고 자신을 아주 잘 얼리고 있지 않던가요. 그런데 이렇게 녹을 수도 있다니요. 그러면서도 묘하게 일어나는 자유로움이라니요! 그렇다면 내가 배우고 깨달았던 '세상은 얼음 공장'이라는 방식은 잘못 알고 있었던 건지도 모릅니다. 세상은 얼어붙은 것이 아닐지도 모릅니다. 혹은 세상의 어느 한쪽이 얼음을 생산해냈다면, 다른 쪽은 끊임없이 얼음을 녹이는 작업을 해내고 있을지도 모를 일입니다. 왜 그동안 모든 것이 단 하나에만 집결된다고만 생각해왔을까요. 나뿐만 아니라 세상 모든 게 얼음이라며 함부로 판단해 왔습니다. 내가 가졌던 자만을 내려놓자 다른 것들이 보이기 시작했습니다. 얼음 공장의 가동은 내가 스스로 규정짓고 내가 나를 얼음의 시선으로 세상을 가두고 만 것에서부터 시작되었던 것이었습니다. 열기가 들어오지 못하도록 멀찍이서 얼음으로 막을 치고 있는 동안 나는 기필코 얼음이 되고 만 것이지요.

　어둡고 차가운 그곳에서 내 얼음들이 물이 되어 흐르고 있는 것, 더욱 많이 흘러 큰 물줄기가 되어 흐르고 있는 것을 지켜보았습니다. 원래로 말하자면, 나는 '물'입니다. 이렇게 흘러갈 수 있고, 흘러가고 싶다는 의지가 견고한 내 성벽을 마침내 허물게 하였습니

긍정하기

다. 거만했던 얼음의 시절을 보내고 난 뒤, 이제 큰 바다를 만날 즈음해서 나는 고백합니다. 한때, 아주 오랫동안 나는 빙하기였구나. 그게 내 역사였구나 하고요. 지금의 나는? 춤추는 햇살이 내 안에 있습니다. 빙하기 때 나를 이끌었던 얼음의 목소리, 고드름의 수염들 대신, 빛의 목소리가 나를 채우고 있기 때문이지요. 매끄럽고 흠 하나 없는 인간관계가 아니라 탈도 많고, 단점과 결점도 있지만, 흐를 수 있을 때 비로소 진솔한 관계를 맺을 수 있게 되었습니다. 그것은 누군가를 담고 온전히 껴안을 수 있도록 내가 움푹하게 낮게 흐르고 있기 때문이라는 것을 알게 되었습니다.

얼음이었던 기록을 쓸 수 있는 것은 지금의 내가 얼음이 아니기 때문입니다. 빙하기라고 말할 수 있는 것은 지금은 빙하기가 끝났기 때문입니다. 얼음인 채로 세상과 관계를 맺어왔던 오랜 시간에 대해 고백해봅니다. 녹일 수 있음을 알고 녹일 때, 신기하게도 내가 서 있는 곳은 얼음 생산을 당장 멈추게 되었습니다.

관계와 소통을 위한 공감 연습

◆ 얼음이 상징하는 것은 부정적인 마음의 모든 실체입니다. 분석심리학자 융Jung식으로 말하자면, 내면의 그림자입니다. 배척하면 할수록 더욱 달라붙고 커지게 되는 것이 그림자의 실체이지요. 먼저 그림자를 인식하는 일, 그림자를 인정하는 일이 중요합니다. 물리적인 힘으로는 얼음을 녹일 수가 없습니다. 따스함만이 얼음을 녹일 수 있지요. 얼음을 녹이기 위해서는 먼저 내 안의 얼음을 인식합니다. 그다음, 녹이기를 결심하고, 얼음을 안아줍니다. 이러한 일련의 행위들을 통해서 내 안의 부정적인 마음이 차츰 사라지고 긍정으로 채워지는 것을 알 수 있습니다. 이러한 체험은 단절된 인간관계를 해결하기 위한 방식으로도 유용하게 작용할 수 있습니다.

# 마음의 봄

미움과 분노를 내려 놓기

오페라 〈투란도트〉


## 투란도트의 이야기


〈투란도트〉는 자코모 푸치니(Giacomo Puccini. 이탈리아 작곡가. 1858~1924)의 오페라입니다. 아다미G. Adami와 시모니R. Simoni가 대본을 썼고, 1926년 4월 25일, 밀라노 스카라 극장에서 첫 공연이 이뤄졌습니다.

〈투란도트〉는 고대 중국 베이징의 냉혹한 공주 투란도트와 사랑을 얻기 위해 그녀가 낸 세 가지 수수께끼에 도전하는 칼라프 왕자의 이야기입니다. 중국의 공주 투란도트는 과거 역사에서 공주가 이방인에게 당했던 끔찍한 일을 가슴에 품고 있습니다. 그런 원한으로 현재에 이르러 다른 이방인들에게 보복하게 되지요. 자신을 원하는 남자에게 문제 세 개를 내고, 맞히면 자신과의 결혼을, 틀리면 죽음을 선물하는 것입니다. 한편, '칼라프' 왕자는 투란도트에게

반해 이 게임에 도전하고, 문제 세 개를 모두 맞힙니다. 여러 우여
곡절 끝에 칼라프 왕자는 투란도트의 사랑을 얻게 됩니다. 하지만
칼라프를 짝사랑하던 '류'는 죽게 됩니다. 3막의 각 장면을 요약하면
다음과 같습니다.

### 제1막: 전설 시대 중국 북경 성벽 앞 광장

막이 열리면 한 관리가 나타나 다음의 포고문을 읽기 시작한다.
"북경의 백성들이여 들어라. 황제의 딸 투란도트 공주는 자신이
내놓은 세 가지 수수께끼를 맞추는 왕가 혈통의 구혼자와 결혼할
것이다. 그러나 수수께끼를 풀지 못하는 자는 참수형에 처한다. 페
르시아 왕자가 도전했지만 실패하고 말았다. 달이 떠오르면 그의
목은 망나니의 칼에 떨어질 것이다"
이때 군중에 떠밀려 쓰러진 한 노인을 지나가던 젊은이가 부축
해준다. 노인은 타타르 왕국에서 축출되어 유랑생활을 하던 티무
르이고, 도와준 젊은이는 아들 칼라프 왕자였다. 두 사람은 우연한
재회를 기뻐하고 티무르는 망명 생활 중 자신을 돌봐준 여자 노예
'류'를 칼라프에게 소개한다. 류는 옛날부터 남몰래 칼라프 왕자를
사모해 왔다.
달이 떠오를 때가 가까워지자 군중들이 다시 모여든다. 사형집
행인들의 칼 가는 소리에 맞춰 군중들은 '숫돌을 돌려라. 도끼를

갈아라'라고 하며 사형집행에 대한 기대감을 숨기지 않는다. 이때 동자승 무리가 군중들 사이를 지나가며 중국 민요에서 차용한 은은하고 슬픈 선율로 노래한다. 밤은 더욱 깊어가고 형장으로 끌려가는 페르시아 왕자의 행렬이 군중 앞을 지난다.

창백한 페르시아 왕자의 얼굴이 보인다. 백성들은 합창으로 투란도트 공주에게 자비를 애원하지만, 투란도트 공주는 얼음같이 차가운 표정으로 사형집행을 지시한다. 이때 멀리서 투란도트 공주를 지켜보던 칼라프는 공주의 아름다움에 넋을 잃고 만다. 페르시아 왕자는 형장으로 끌려가고 광장에는 칼라프, 티무르, 류만 남는다.

칼라프는 아버지 티무르에게 자신은 투란도트에게 반했다고 말하고는, 티무르의 만류에도 불구하고 그녀를 차지하기 위해 수수께끼에 도전하겠다고 말한다. 칼라프가 궁궐을 향해 뛰어가는데 갑자기 가면을 쓴 세 명의 중국 관리 핑, 팡, 퐁이 나타나 칼라프를 가로막으며 "멈춰라. 아름다운 공주라도 얼굴 하나에 손발 두 개씩 있는 보통 여자일 뿐. 목숨이 아까우면 빨리 돌아가라"라고 한다.

핑, 팡, 퐁이 우스꽝스럽고 과장된 몸짓으로 칼라프의 무모함을 조롱하나 칼라프는 '승리는 나의 것, 투란도트는 나의 사랑'이라며 자신의 의지를 굳힌다. 티무르가 나이 든 아버지를 버리느냐며 비탄에 빠지자, 옆에 있던 류가 왕자에게 다가가 흐느끼며 아리아 '들어보세요. 왕자님Signore Ascolta'을 노래한다. 그러나 류의 애원에도

관계와 소통을 위한 공감 연습

칼라프는 아리아 '울지마라, 류Non piangere Liu'를 부르며 아버지 티무르를 부탁한다는 말을 남긴 채 모험을 하기 위해 떠난다.

칼라프, 티무르, 류, 핑, 팡, 퐁 그리고 합창이 합해져서 피날레가 펼쳐지는 가운데 결국 칼라프는 징을 세 번 울려 공주의 수수께끼 도전을 선언한다. 티무르와 류는 충격에 빠지고, 핑, 팡, 퐁은 큰 웃음으로 왕자를 조롱한다. 칼라프는 단호한 표정으로 발걸음을 옮긴다.

## 제2막

### 제1장: 북경의 누각

핑, 팡, 퐁 세 명의 관리들이 모여 공주에게 도전장을 낸 왕자 칼라프 이야기를 한다. 지금까지 수수께끼를 풀지 못해 사형당한 남자는 셀 수 없이 많다. 칼라프는 13번째 도전자다. 칼라프는 지나간 세월의 무상함과 고향 호난에 대한 그리움을 노래하면서도, 투란도트 공주가 사랑에 눈을 떠 중국에 다시 한번 평화가 깃들기를 간절하게 염원한다.

### 제2장: 왕궁 앞 광장

마음의 봄

드디어 공주의 수수께끼를 풀 시간이다. 황제 알투움이 먼저 나와 도전자 칼라프를 만류하며 목숨을 아깝게 여기라고 말하지만 칼라프는 자신만만하다.

이윽고 공주가 등장해 아리아 '옛날 이 궁전에서In questa Reggia'를 노래하며 자신의 마음을 알린다. 저 옛날, 궁궐에 쳐들어온 외국 군대가 로우링 공주를 능욕하고 죽인 사실을 이야기하며, 그 공주의 원한을 풀어주기 위해 외국에서 온 젊은이에게 풀기 어려운 수수께끼를 내어 복수해 왔으며, 아무도 자신을 차지할 수 없다고 한다. 공주는 도도하고 위협적인 자세로 '이방인이여, 수수께끼는 세 개, 그러나 죽음은 하나Gli enigmi sono tre, la morte una!'라고 외친다. 이를 되받아 칼라프가 '수수께끼는 세 개, 생명이 하나Gli enigmi sono tre, una e la vita!'라고 받아친다. 나팔이 울리면서 드디어 수수께끼가 시작된다.

첫 번째 수수께끼
공주: 그것은 어두운 밤을 가르며 무지갯빛으로 날아다니는 환상. 모두가 갈망하는 환상. 그것은 밤마다 새롭게 태어나고 아침이 되면 죽는다.
왕자: 그것은 '희망La Sprenza'

두 번째 수수께끼

관계와 소통을 위한 공감 연습

공주: 불꽃을 닮았으나 불꽃은 아니며, 생명을 잃으면 차가워지고, 정복을 꿈꾸면 타오르고, 그 색은 석양처럼 빨갛다.

왕자: 그것은 '피 Il Sangue'

세 번째 수수께끼

공주: 그대에게 불을 주며 그 불을 얼게 하는 얼음. 이것이 그대에게 자유를 허락하면 이것은 그대를 노예로 만들고, 이것이 그대를 노예로 인정하면 그대는 왕이 된다.

왕자: 그것은 바로 당신, '투란도트Turandot!'

칼라프가 모든 수수께끼를 풀어내자 공주는 무척 당황한다. "모욕적으로 쳐다보지 마라. 나는 네 소유가 되진 않는다!"라고 소리친다. 그러나 황제는 "맹세는 신성한 것이다"라고 말하고, 군중들도 이에 가세한다. 이때 칼라프가 역으로 한 가지 제안을 한다. "새벽녘까지 내 이름을 알아내 보시오. 알아맞힌다면 그대의 승리. 원한다면 내가 죽으리다"라고 한다.

제3막: 왕궁의 정원

칼라프가 계단에 비스듬히 몸을 기대고 있는데, 저 멀리서 '왕자의 이름을 알아낼 때까지 잠들어선 안 된다'라며 공주의 명령을 전

마음의 봄

하는 사자의 목소리가 들려온다. 칼라프가 일어서서 사랑의 승리를 확신하는 아리아 '아무도 잠들지 못한다Nessun Dorma: 공주는 잠 못 이루고'를 노래한다.

갑자기 핑, 팡, 퐁이 달려 나오며 왕자에게 이름을 밝히라고 위협한다. 칼라프가 거절하자, 그들은 반라의 여자들과 보물을 들이대며 끊임없이 왕자를 회유한다. 북경의 백성들도 왕자의 이름을 알아내지 못하면 자신들이 죽게 되니 제발 북경을 떠나 달라고 애원과 협박을 되풀이한다. 이때 위병들이 티무르와 류를 끌고 나온다. 백성들은 이들 두 사람이 칼라프와 함께 있는 것을 보았다고 말하며 환호성을 올린다. 투란도트 공주가 등장해 티무르를 고문하려고 하자 류가 왕자의 이름을 알고 있는 것은 자신뿐이라며 티무르의 앞을 막아선다.

잔혹한 고문에도 류는 끝내 왕자의 이름을 말하지 않고 이를 의아하게 여긴 투란도트가 류에게 이유를 묻자, 류는 아리아 '가슴 속에 숨겨진 이 사랑Tanto amore, segreto'을 노래한다.

공주는 초조해하며 류를 죽일 마음을 품고, 죽음을 직감한 류는 '얼음장 같은 공주님의 마음도Tu, che di gel sei cinta'라는 최후의 아리아를 마치고 위병의 단검을 뽑아 자결한다. 그녀의 희생에 깊은 감명을 받은 사람들은 슬픔에 빠진 티무르의 뒤를 좇으며 류의 시체를 운반한다(푸치니는 바로 여기까지 작곡하고 숨을 거두었다. 이어진 장면을 푸치니의 밀라노 음악원 동창 후배이자 토리노 음악원장인 프란코 알파노가 푸치니 사후, 토스카니니의

관계와 소통을 위한 공감 연습

의뢰를 받아 완성했다).

홀로 남은 칼라프와 투란도트. 칼라프는 투란도트에게 다기가 그녀의 얼굴을 감싼 베일을 벗겨내고, 거세게 거부하는 투란도트를 억지로 껴안으며 격정적인 키스를 한다. 공주는 크게 화를 내지만 칼라프가 더욱 열정적으로 사랑을 호소하자 공주의 차가운 마음도 점점 녹아 눈물을 흘린다.

날이 밝아 새벽이 되자 왕자는 공주에게 '이제 공주는 나의 것, 내 이름도 목숨도 공주에게 바치리라. 나는 타타르의 왕자 칼라프'라고 자신의 이름을 밝힌다. 곧이어 심판의 시간을 알리는 나팔 소리가 울려 퍼지고 황제가 나타난다. 공주는 아버지 알투움에게 "이 젊은이의 이름을 알아냈습니다. 그것은 바로 사랑Amor!"이라고 소리높여 외친다. 칼라프는 공주를 뜨겁게 포옹하고, 모두 두 사람의 사랑을 축복하는 가운데 막이 내린다.

## 투란도트의 얼음 노래

투란도트는 '얼음공주'입니다. 차갑기 이를 데 없지요. 사랑 따위는 믿지 않습니다. 그녀가 직접 당하지는 않았지만, 이방인에게 증오를 가지고 살아가고 있습니다. 어쩌면 역사 속의 로우링 공주가 다시 태어나기라도 한 듯 자신에게 구혼하는 남자를 과감하게 처단해 버립니다. 싸늘하고 차가운 공주는 어느 누구에게도 자신의 마음을 내어주지 않습니다. 절대 맞추지 못할 수수께끼를 내고 틀린 사람을 가차 없이 죽여버리는 것으로 로우링 공주의 원한을 풀고 있지요.

현실 속에서 그런 무자비한 사람이 있을까요? 실제로 죽이는 것이 아니라 마음속에서 죽이고 자신을 얼음 속에 가둬 놓고 살아가는 사람들이 분명 있을 법합니다. 문제는 그런 사람들이 점점 늘어나고 있다는 사실입니다. 겉으로는 표나지 않지만, 실상 우리 주변에 그런 이들이 존재합니다. 얼음 공주, 얼음 왕자들입니다. 혹은 얼음 왕과 얼음 왕비들입니다. 자신만의 얼음 성을 쌓아서 그 안에 꽁꽁 언 채 갇혀 있습니다. 그러면서 자신이 그렇게 하는 줄도 모릅니다. 오히려 외부를 차단하려고만 합니다. 스스로 문을 닫아건 채 열려고 하지도 않지요. 세상은 차갑고 냉혹하다고만 여깁니다. 꽁꽁 언 모습으로 세상을 향해서만 손가락질해대곤 하지요.

그런 얼음공주한테 어떻게 접근해야 할까요? 이들은 자신조차도 믿지 않습니다. 누군가 자신한테 다가오는 것을 견디지 못합니다. 갖은 핑계를 대서라도 피하고 맙니다. 혹은 친근한 척하더라도 그건 오로지 '척'할 뿐입니다. 상대방이 자신을 밀쳐내기 전에 먼저 밀어낼 적당한 구실을 찾고 있습니다. 진정한 인간관계와 원활한 의사소통이 이뤄지지 않습니다. 그렇게 소통이 이뤄지는 것 같은

관계와 소통을 위한 공감 연습

착각만이 이어질 뿐입니다. 상대방은 그러리라고는 전혀 짐작하지 못하고 있다가 갑자기 결별을 통보받는 형국입니다. 황당한 순간이 오고 마는 것이지요. 다만 결별이 아니라 보복이 뒤따르기도 합니다. 혹은 제삼자를 시켜서 좋지 않은 상황에 빠뜨리기도 합니다. 따돌림을 시키거나 곤란에 빠뜨리게 하기도 합니다.

이쯤 되면 심각한 정신적 질병의 상태가 아닌가 하겠지만, 의외로 이러한 경우가 많이 벌어집니다. 정도가 심하면, 이를 경계성 성격장애borderline personality disorder라고 할 수 있겠습니다. 경계성 성격장애는 애착 능력 결함과 중요한 대상과의 분리 시 일어나는 부적응적인 행동 패턴을 보이며, 감정의 불안정성이 중심이 되는 인격장애를 말합니다. 성격장애 진단을 받은 사람 중에서 30~60%를 차지할 정도로 비중이 큽니다.

자아상, 대인관계, 정서가 불안정하고 충동적인 특징을 갖고 있지요. 스스로나 타인에 대한 평가가 일관되지 않고 변화무쌍한 모습을 보입니다. 정서는 정상에서부터 우울, 분노를 자주 오가며 충동적이기 때문에 자해나 자살행위도 잦습니다. 평생 유병률은 1~1.5%로 알려져 있으며, 임상에서 가장 빈도가 높은 인격장애입니다. 많은 수의 경계성 성격장애 환자들이 어린 시절 버림을 받거나, 신체적, 성적 학대를 받았다는 연구 결과가 있습니다.

경계성 성격장애는 심각한 불안을 안고 있습니다. 흔히 이런 비유를 하기도 하지요. 세 살 된 아이가 엄마와 광장에 갔는데 어느 순간 엄마가 사라지고, 주위 사람들의 의심에 찬 시선이 자신을 쏘아보고 있는 느낌을 늘 가지고 있다는 것입니다. 또는 이들의 심리를 단 한마디로 이렇게 정의 내리기도 한다. "나는 너를 증오해. 하지만 나를 떠나지 마I hate you, but don't leave me!"

경계성 성격장애 환자가 누군가에게 지지를 얻고 있거나 돌봄을 받고 있다고 느낄 때조차 우울 증상(특히 외로움과 공허감)이 주로 나타나곤 합니다. 그러나 이렇게 계속된 관계를 잃어버릴 수 있는 위협이 발생하면, 이제까지 따뜻하고 자비롭다고 여기던 이상화된 그 사람의 이미지가 잔인한 박해자의 이미지로 격하되고 맙니다. 중요한 사람과의 분리가 가까워지면 버림받는다는 극심한 공포가 발생합니다. 이를 줄이기 위하여 그 사람의 잘못과 잔인함에 대하여 격노에 찬 비난을 하거나 자기 파괴적인 행동을 보일 수 있습니다. 이같은 행동들이 상대방으로 하여금 죄책감을 일으키게 하거나 반대로 무서움에 찬 방어 반응을 불러일으키기도 합니다. 또한, 정서적 불안정이 심하여 충동적이고 자기 파괴적인 행동을 보이기도 하지요. 주변의 스트레스에 반응하여 나타나는 경우가 많고 분노와 우울의 극단을 오갈 수 있습니다. 이러한 시기 동안 해리 증상, 관계 사고와 약물 남용 혹은 성적 문란 등의 충동적 행동들이 흔히 일어날 수 있습니다. 경계성 성격장애는 우울증, 양극성 장애, 물질사용 장애, 식이 장애, 외상 후 스트레스 장애와 같이 발생하기 쉽습니

관계와 소통을 위한 공감 연습

다. 최근의 연구들에 따르면 약 절반의 환자에게서 2년 내 의미 있는 증상 회복을 보입니다. 사회적 기능 저하 및 소아기 트라우마의 정도, 물질 남용의 지속이 나쁜 예후와 연관됩니다. 즉, 이전에 생각되던 것보다는 장기적 예후가 양호하다고 할 수 있습니다. 그러나 약 10%의 자살률을 보인다는 보고도 있습니다.

투란도트 공주로부터 경계성 성격장애를 읽어 내는 것은 억지스럽지는 않습니다. 극에서 보자면, 이미 투란도트는 무수한 구혼자들을 죽였기 때문이지요. 하지만 진실한 참사랑이 공주를 구원했습니다. 아름다운 사랑의 주인공은 다름 아닌 죽음으로 자신을 희생했던 '류'입니다. 한 사람의 처절한 희생 끝에 내면의 거대한 얼음이 비로소 녹기 시작한 셈입니다.

경계성 성격장애라고 스스로 진단을 내리거나 누구를 진단 내리기란 쉽지 않습니다. 인격장애 환자들이 스스로 정신건강의학과를 찾게 되는 경우가 드물기 때문이지요. 게다가 사회생활을 하는 경우가 많아서 자신을 장애로 진단 내리는 것에 대해서조차 의심하기 일쑤입니다. 일상에서 그런 사람을 만나게 된다면, 어떻게 대처해야 할까요?

세 개의 C와 세 개의 G를 기억해봅시다.
—내가 원인이 된 것이 아니다(I didn't cause it).

—나는 그것을 통제할 수 없다(I can't control it).

—나는 그것을 치료할 수 없다(I can't cure it).


—그들을 비난하지 말라(Get off their back).

—그들과 충돌하지 말라(Get out of their way).

—자신의 삶을 살아라(Get on with your life).


그리고 하나 더, 나 자신이 점점 경계성 성격장애의 길로 걸어가는 중이라면 어떻게 해야 할까요? 그런 자기 자신을 알아차리는 순간, 그런 마음과 언행을 멈춰야 합니다. 그렇게 멈출 수 있습니다. 그런 다음 매일, 꾸준하게 부단히 마음에 박힌 부정성의 못을 빼내고 그 자리에 꽃과 나무를 심는 작업을 해야 합니다. 그것은 '용서'부터 일어날 수 있습니다. 과거에 나를 괴롭혔고, 위험에 처하게 했던 온갖 원인, 그 상황을 당해야 했던 나, 그런 처절한 상황에 노출하게 했던 신, 그리고 그 시간까지 용서하는 것입니다. 그럴 때, 비로소 얼음이 녹기 시작하고 마음에는 봄이 찾아올 것입니다.

관계와 소통을 위한 공감 연습

◆ 의사소통뿐만 아니라 인간관계를 이룰 수 없는 극도로 첨예한 상황이 바로 경계성 성격장애입니다. 이는 오랜 기간을 두고 자신 안에 형성된 미움과 분노가 원인일 수 있습니다. 따라서 자신 안에 있는 얼음(미움, 증오, 원한 등등……)을 녹이고, 타인을 수용할 수 있는 마음이 중요합니다. '용서'가 심층 의식까지 스며들 수 있을 때 비로소 진정한 의사소통이 형성될 것입니다. 그것이 바로 치유입니다.

마음의 봄

3.

생각이나 감정 주고 받기

의사소통의 진정한 목적은 마음을 있는 그대로 표현하는 것입니다. 말을 잘하는 것이 목적이 아닙니다. 말을 잘하지만, 마음은 따로인 것은 타인을 속이는 사기꾼들이 하는 행태이지요. 마음을 잘 드러내도록 비언어와 언어를 활용하는 것이 바람직한 의사소통입니다. 그러니 사실, 의사소통의 핵심은 '마음'이라고 할 수 있습니다. 어떤 마음을 가지고 있느냐에 따라서 자신의 생각에 맞는 빛깔을 띨 수밖에 없지요.

의사소통은 사람들 간에 생각이나 감정 등을 교환하는 총체적인 행위를 말합니다. 언뜻 생각하면 언어가 중요할 것 같지만, 그렇지 않습니다. 미국 캘리포니아대학교 심리학과 명예교수이자 심리학자인 앨버트 메라비언(Albert Mehrabian, 1939~)은 상대방한테 영향을 주는 것이 목소리(목소리의 톤이나 음색)는 38%, 보디랭귀지(자세, 용모와 복장, 제스처)는 55%이며, 언어는 겨우 7%만 작용한다고 밝혔습니다. 즉, 효과적인 소통에 있어 언어보다 비언어적 요소인 시각과 청각이 더 큰 영향을 준다는 것이지요. 이러한 언어, 목소리, 보디랭귀지의 순서대로 '7% : 38% : 55% 법칙'을 학자의 이름을 따서 '메라비언 법칙'이라고 합니다. 7%인 언어를 제외하면 93%가 비언어입니다.

사실, 메라비언의 법칙에서 중요한 깨달음은 따로 있습니다. 언어와 비언어가 일치하지 않으면 혼돈을 준다는 거지요. 예를 들어 오랜만에 만난 친구한테 "반가워! 정말 오랜만이구나!"라고 했을 때, 반가운 마음을 그대로 표현했다면 그 마음이 잘 전달될 수 있

생각이나 감정 주고 받기

겠습니다. 말뿐만 아니라 행동도 손을 든다거나 악수를 한다거나 포옹을 하면서 한다면, 반가운 마음은 몇 배가 되어 감동으로 전해질 수 있겠지요. 그런데 별로 만나고 싶어 하지 않는 친구라고 해봅시다. 무슨 이유인지는 모르지만요. 데면데면하게 지낸 경우이거나 또는 좋지 않은 사건과 연루되어 부정 감정이 많은 경우를 상상해봅시다. 그런 친구를 우연히 마주쳤는데 차마 인사 없이는 지나치지 못할 상황이라고 칩시다. 같은 말을 했지만, 입에서 나오는 말과 행동과 억양, 몸짓이 따로인 것을 알아차릴 수 있을 겁니다. 말하는 자신도 그렇지만, 듣는 이도 왠지 석연치 않은 느낌이 들어서 고개를 갸웃거리게 될 겁니다. '반갑다고 말은 해놓고, 이상하네. 반가운 기색이 없구나'라고 바로 알아차리게 되는 거지요. 말과 마음이 따로인 것을 보고, 답변도 어색하게 하지 않을 수 없게 됩니다. 또 다른 예를 들어볼까요? 과자를 챙겨주면서 일곱 살 아이한테 "어서 먹어. 많이 먹어!"라고 하는 양육자가 있습니다. 그 양육자는 방금 청소했기에 아이가 과자를 먹을 때 과자 부스러기가 사방에 날릴까 봐 신경이 쓰입니다. 어지르면 치워야 하기에 귀찮기도 합니다. 그렇다고 해서 과자를 안 줄 수가 없으니 줄 뿐입니다. 그런 마음에서 과자와 함께 이 말을 한 것이라고 상상해봅시다. 묘하게도 아이는 이 말이 마음과 다르다는 사실을 알아차리게 됩니다. 눈치를 보게 되고, 마음 놓고 과자를 먹기가 거북스럽게 되는 거지요. 방을 어지를까 봐 곤두세운 신경, 걱정이 없이 순수한 마음에서 하

관계와 소통을 위한 공감 연습

는 말과 다릅니다. 아이는 대번에 그것을 알아차리게 되기에 어떻게 행동해야 할지 주저하게 됩니다. 먹을 수도, 안 먹을 수도 없는 어정쩡한 태도를 보일 수도 있지요. 양육자는 한 번 더 "어서 먹어!"라고 약간 윽박지르듯이 말했다고 해봅시다. 아이는 먹고 싶은 마음이 없어질 수도 있습니다. 혹은 먹긴 하지만 왠지 억압받는 분위기로 흘끔거리며 먹을 수밖에 없지요. 이런 상황을 '이중구속double binding message'이라고 합니다. 상반되는 메시지가 동시에 전달되어 혼란하게 되는 것을 일컫지요. 어쩌다가 한 번이라면 타격을 받지는 않겠습니다만, 흔히 자주 이런 일이 일어나면, 그야말로 치명적인 작용을 하게 됩니다. 그렇게 자라게 된 경우 십중팔구 '양가감정 ambivalence'을 가지게 됩니다. 양가감정은 애정과 증오, 독립과 의존, 존경과 경멸 등등의 전혀 반대되는 감정이나 가치, 목표, 분위기 등을 동일한 대상한테 동시에 갖는 것을 말합니다. 논리적으로도 전혀 맞지 않는 혼란스러운 감정이나 태도가 함께 존재하면서 상반된 감정의 충돌이 일어나는 것이지요. 1910년에 스위스의 정신의학자 블로일러E. Bleuler가 소개한 개념입니다. 문제는 이 양가감정 현상을 오래, 자주 발생할 때 정신의 통합성을 잃게 되어 분열로 이어진다는 점입니다.

또 다른 예로는 부모나 가족이 말로는 '사랑한다'라고 하면서 냉담한 표정을 보인다거나, 상사가 '편하게 해라'라는 말을 하면서 굳은 표정으로 엄하게 노려본다거나 하는 것, 교사가 수업 시간에 '자

생각이나 감정 주고받기

유롭게 질문해라'라고 하면서도 질문을 하면 무시하거나 핀잔을 주는 행위가 그러합니다. 또한, 조직 사회에서 창의적인 아이디어를 요구하면서도 정작 그런 아이디어를 내면 더 많은 업무로 은근히 처벌을 내리는 경우를 예로 들 수 있습니다. 내면과 행동이 일치하는 것은 참으로 중요합니다. 어떤 문제에 대해서 내적인 갈등을 느끼고 있거나, 자신도 인식하지 못하는 자기기만에 빠져 있거나, 인격에 결함이 있는 경우 자기도 모르는 사이에 이중구속의 메시지를 발생시킬 수 있습니다. 이중구속은 메시지 자체의 모순으로도 나타날 수 있습니다.

이중구속이란 개념을 발표한 인류학자이자 언어학자인 베이트슨(Gregory Bateson. 영국 태생의 미국 문화 인류학자. 1904~1980)은 이중구속적인 상황에서 조현병이 유발될 수 있다고 했습니다. 피할 수 없는 상황에서 모순된 메시지가 계속 반복적으로 이어질 때 메시지를 받은 사람은 스트레스가 생겨서 그것을 해결하는 방법으로 사고장애, 정서장애를 일으키게 되지요.

다시, 메라비언의 법칙으로 돌아와 봅시다. 언어 7%와 비언어 93%는 서로 조화롭게 통합이 되어 표현되어야 합니다. 그러지 않을 때 이중구속이나 양가감정을 유발하게 되지요. '그러지 않을 때'란 마음과 언어가 일치하지 않을 때를 말합니다. 따로가 아니라 같이 가야지만 제대로 갈 수 있습니다. 메라비언은 인간의 감정에 가장 효과적으로 호소하기 위해서는 언어의 메시지Verbal, 음성Voice,

관계와 소통을 위한 공감 연습

시각 요소Visual, 즉 '3V'를 모두 '일치'시켜야 한다고 했습니다. 이 '3V'가 일치하지 않으면, 사람들은 혼란을 일으키기 시작하며 메시지의 내용보다 시각적 요소인 비언어적 요소를 더 믿게 된다고 합니다. 의사소통의 진정한 목적은 마음을 있는 그대로 표현하는 것입니다. 말을 잘하는 것이 목적이 아닙니다. 말을 잘하지만, 마음은 따로인 것은 타인을 속이는 사기꾼들이 하는 행태이지요. 마음을 잘 드러내도록 비언어와 언어를 활용하는 것이 바람직한 의사소통입니다. 그러니 사실, 의사소통의 핵심은 '마음'이라고 할 수 있습니다. 어떤 마음을 가지고 있느냐에 따라서 자신의 생각에 맞는 빛깔을 띨 수밖에 없지요. 이왕이면 환하고 아름다운 빛깔이었으면 좋겠습니다. 그럴 때, 인간관계는 따라서 원활해지고 풍성해질 수 있습니다. 그러니까 소통과 관계는 함께 작용합니다. 소통이 안 되는데 관계가 좋아질 수도 없고, 그 반대도 없습니다.

생각이나 감정 주고 받기

# 경청의 힘

모모가 들려주는 메시지

소설 《모모》

## 모모가 들려주는 메시지

### 《모모》에 관하여

'모모Momo'라는 이름은 잘 알려진 예술작품 두 군데에 등장합니다. 에밀 아자르(본명: 로맹 가리 Romain Gary. 프랑스의 소설가. 1914~1945)의 소설 《자기 앞의 생》과 미하엘 엔데(Michael Ende. 독일의 동화작가. 1929~1995)[5]의 《모모Momo :시간 도둑과 사람들에게 빼앗긴 시간을 돌려준 한 아

---

5 미하엘 엔데(Michael Ende): 독일의 아동문학사이다. 1929년 독일 남부 가르미슈 파르텐키르헨에서 태어났다. 뮌헨에 있는 연극학교를 졸업하고 배우로 활약했다. 2차 세계대전 때에 발도르프 스쿨에서 공부하다가 나치의 눈을 피해 도망했다. 전후에 연극배우, 연극 평론가, 연극 기획자로 활동했다. 1960년에 첫 작품인 《짐 크노프와 기관사 루카스》를 발표했고, 이듬해 독일 청소년 문고 상을 받았다. 1973년에 《모모》를, 1979년에 《끝없는 이야기》를 발간했다. 1995년, 예순다섯 살에 위암으로 눈을 감았다.

관계와 소통을 위한 공감 연습

이의 이상한 이야기》입니다. 두 작품 모두 주인공은 모모이지만, 각 각의 소설 속에서 모모는 다른 인물입니다. 여기에서는 '인간관계' 라는 주제에 맞게 미하엘 엔데의 모모를 살펴보고자 합니다.

### ◆ 미하엘 엔데의 소설《모모》의 줄거리

폐허가 된 원형극장에서 한 여자아이가 살고 있다. 누더기에 곱 슬머리, 아주 크고 검은 눈을 한 꼬마인데 실제 나이는 숫자 관념 이 없어서 소녀 자신도 잘 모른다. 친절한 마을 사람들이 원형극장 을 고쳐 아늑한 방을 만들어주고 옷과 빵 등을 가져다주었다. 그러 나 실제 도움을 얻는 것은 마을 사람들이었다. 모모만 만나면 유쾌 해지고, 지혜로워지는 거였다. 사실 모모가 할 수 있는 것은 하나 도 없었지만, 모모는 누구한테나 귀 기울여 들을 줄 알았다. 그래 서 모모는 마을 사람들에게 중요한 존재가 되어갔고, 문제가 생긴 사람들을 보면 "아무튼 모모한테 가 보게"라고 말하곤 하였다. 싸 움이 생겼을 때도 모모가 그 사연을 경청해주면 그들은 다시 친해 져서 돌아가곤 하였다. 그러던 모모에게 단짝 친구가 생겼다. 도로 청소부 배포의 느러터진 말과 행동을 기다려 주는 이는 모모밖에 없었다. 입만 열면 거짓말에 화려한 말재주를 지닌 여행안내원이라 불리는 지지도 친구였다. 지지는 '모모 공주와 지로라모 왕자' 얘기 도 즉석에서 지어내기도 한다. 그런데 언젠가부터 회색 일당이 가

끔 눈에 띄었다. 회색 일당은 멋진 회색 승용차를 타고 수첩에 뭔가를 적기도 했다. 그들은 회색 옷을 입고 중절모자에 잿빛 시가를 피우고 납 회색 서류 가방을 들고 다녔다.

어느 날 회색 사나이 한 명이 이발사 푸시에게 접근하며, 그가 여자 만나는 시간, 어머니와 얘기하는 시간, 노래와 책 읽기 시간, 앵무새와 보내는 시간, 손님과 잡담하는 시간, 하루를 반성하는 시간 등으로 시간을 엉뚱한 데 허비하고 있다고 말하면서 일과시간을 계산하여 보여준다. 회색 일당들은 그에게 하루에 두 시간씩 절약하며 일하라고 말한다. 푸시는 여자와 헤어지고, 앵무새는 팔고, 어머니는 양로원에 보내고, 황금 같은 시간을 쪼개가며 열심히 일만 했다. 어느 날 모모가 마을을 돌면서 한 사람씩 만나 보았다. 다들 시간에 쫓겨 일만 하고 있었다. 그렇지만 모모와 얘기하고 나서 그들은 다시 유쾌해졌고 전과 다름없이 모모를 찾아왔고, 마을은 예전으로 돌아갔다. 회색 일당은 이 일을 견딜 수 없어 했다. 며칠 후 시간저축은행의 사원이라는 사람이 다가와서 모모에게 바비 인형과 예쁜 옷들, 인형의 남자친구를 주며 유혹한다. 모모가 잠시 인형에 관심을 보이다가 그래도 친구가 더 좋다고 하자 회색 일당들은 친구는 의미가 없다고 말한다. "아저씨를 사랑하는 사람은 아무도 없나요?"라는 모모의 질문에 회색 사나이는 당황해서 자기들은 시간을 훔치고 있다는 말까지 횡설수설 늘어놓고는 사라진다. 다시 마을 사람들이 바빠지고 원형극장에는 지지와 배포를 제외하

관계와 소통을 위한 공감 연습

고는 어린이들만 놀러 온다. 이들은 모두 회색 사나이를 유일하게 기억하고 있는 모모와 함께 시간을 도둑맞고 있다는 사실을 폭로하려고 하지만 마을 사람들은 그 누구도 믿지 않는다. 결국 지지와 배포에게도 회색 일당들이 접근해온다. 지지는 쉽게 그들에게 넘어갔고, 배포는 넘어가지 않았지만, 혼자만의 세계에 갇혀 버린다. 모모의 친구들이었던 어린이들을 설득할 수 없었던 그들은 아이들을 모두 탁아소에서 맡도록 해서 재미있는 놀이로 어린이들의 꿈을 빼앗고 그들의 목적을 성취한다. 모모는 마침내 혼자 남게 되었다. 그럴 즈음, 어떤 거북이가 접근해온다. '카시오페이아'라는 이름의 거북이는 호라 박사가 보낸 전령사이다. 등에 글자를 나타나게 해서 모모를 인도한다. 모모는 카시오페이아를 따라 초시간과 초공간의 집으로 간다. 거기서 세쿤두스 미누티우스 호라 박사를 만난다. 그는 일어났던 모든 것을 알고 있었다. 모모는 호라 박사의 말대로 시간의 꽃을 들고 회색 일당들을 찾아간다. 그러는 동안 호라 박사는 시간을 멈추고, 회색 일당들은 계속 시간을 소비한다. 마지막 남은 회색 사나이도 시간의 꽃을 얻기 위해 허둥대다가 결국 에너지원인 시가를 놓쳐서 결국 모두 사라진다. 사람들은 원래의 모습으로 돌아왔고 마을은 다시 즐겁고 유쾌해졌다.

## 모모의 메시지

97

## ◆ 모모가 알려주는 것

모모는 보잘것없는 초라한 고아입니다. 낡아빠진 헐렁한 외투와 옷이 전부이지요. 그런 모모는 엄청난 힘을 가지고 있습니다. 바로 '경청의 힘'이지요. 경청은 상대방의 말을 고스란히 듣는 것입니다. 자신의 가치관과 판단을 개입해서 듣는 것이 아니라 있는 그대로 수용하면서 듣는 것을 말합니다. 상대방의 말뿐만 아니라 표정과 몸짓 같은 비언어적인 것까지 수용하는 것이지요. 그럴 때 상대방은 자신을 오롯이 내보이게 되고, 듣는 이가 자신의 마음을 비추는 거울 역할을 해주고 있는 것을 깨닫게 됩니다. 경청 속에서 성찰과 통찰이 이뤄집니다.

모모가 했던 것이 바로 '경청'입니다. 상상해볼까요? 누군가 하소연할 거리가 생겼다고 생각해봅시다. 아무도 자기 말을 들어줄 사람이 없습니다. 터덜터덜 걸어서 마을에 있던 무너진 원형 경기장으로 갔습니다. 그곳에서 우연히 한쪽 구석에 웅크리고 있는 작고 좀 더러운 꼬마가 있지만, 별반 신경 쓰지 않았지요. 답답하고 억울한 마음이 가슴을 짓누르고 있을 뿐입니다. 문득 단 한 번이라도 속 시원하게 마음을 털어놓기만 해도 좋겠다는 생각이 들었다고 여겨봅시다. 하도 답답한 나머지 경기장 오래된 계단 위에 앉아서 혼자서 중얼거리고 있었습니다. 얼마나 지났을까요. 어느 틈엔가 위로받고 있다는 생각이 들었습니다. 신기하게도 자신은 혼자

관계와 소통을 위한 공감 연습

가 아니었습니다. 중얼거리는 말을 귀담아듣고 있는 한 존재가 있었습니다. 그 존재는 아무 말 하지 않고 그저 고개를 끄덕이거나 까만 눈빛을 빛내면서 가만히 올려다보고 있었지요. 골똘하게 바라보고 있지만 어색하지 않았습니다. 턱을 괸 채 가만히 곁에 머물러 있는 꼬마 덕분에 그는 마음속이 변하는 기분이 들었습니다. 든든한 지지자가 먼 곳이 아니라 바로 자신 안에 있다는 것을 느끼게 된 것이지요. 헝클어진 인간관계 안에서 엉킨 매듭을 풀고 인연을 가다듬을 힘이 바로 자신 안에 있다는 것을 알게 되었습니다. 그것은 참 신기한 일입니다. 그 꼬마는 아무 말도 하지 않았고, 그저 자신을 지켜보기만 했거든요. 처음에 그는 자신의 마음이 가벼워지고 온몸을 짓누르는 증상이 사라진 것에 대해 그저 자신이 스스로 중얼거렸기 때문이라고만 여겼습니다. 그 꼬마는 꾀죄죄하고 별 볼 일 없는 작은 거지 아이였거든요. 그래서 자리를 털고 일어나며 꼬마한테 고맙다는 말 한마디도 하지 않았지요. 원형 경기장을 막 나섰을 때, 비로소 알아차리게 됩니다. 누군가 아무런 비판이나 자기의 견해를 내세우지 않고 그저 온 마음을 다해 들어줬던 것을요. 생전 처음으로 그런 귀한 대접을 받아봤다는 것을요. 그것이 결국 마음의 상처를 극복하게 했다는 것을 알아차렸지요. 그는 뒤돌아서서 꼬마를 바라보았습니다. 꼬마는 손을 흔들며 인사를 해주고 있었지요.

그는 자기 경험을 누군가에게 털어놓았습니다. 그것은 신기하기

99

경청의 힘

이를 데 없는 경험이었지요. 그저 중얼거리는 것만으로 마음이 홀가분해졌던 적이 여태껏 한 번도 없었거든요. 그의 말을 들은 누군가 중에는 그가 마음이 약해졌다고 오해하기도 했습니다. 그깟 거지 꼬마한테 고마움을 느끼다니 어이없다는 이도 있었지요. 오래 지나지 않아 그는 또 다른 억울한 일이 벌어지자 같은 행동을 반복합니다. 그런 뒤, 모모를 찾아가서 속마음을 털어놓으면 내면의 힘이 생긴다는 사실을 확신하게 됩니다.

한번은 이웃에서 다툼이 일어나자 그는 사람들을 이끌고 모모한테 데리고 갔습니다. 한 사람이 자신의 처지를 내세우며 얘기하기 시작했지요. 다른 사람도 그 말에 반박하면서 자기 생각을 얘기했습니다. 서로가 자신의 주장을 반복해서 말하고 있었습니다. 모모는 한마디도 하지 않았지요. 그저 말하는 상대방한테 고개를 돌리며, 눈빛을 빛내면서 가만히 듣고 있을 뿐이었습니다. 각자 모모를 바라보면서 자기 말이 맞는 거라며 핏대를 올리며 주장하고 있었지요. 순서를 정해서 말했던 것도 아닙니다. 자기 말을 가로채서 상대가 말하는 통에 화가 치밀어 오르며 성토하듯 얘기했지요. 그렇게 열에 받쳐서 서로 소리를 지르면, 같이 오자고 권유했던 이가 차례대로 말하자고 말리기도 했습니다. 혼란과 혼선이 거듭되었습니다. 그렇지만 그들은 자신의 마음을 남김없이 털어놓고 있었습니다. 얼마나 지났을까요. 두 사람 모두에게 이상한 감정이 일어나기 시작했습니다.

관계와 소통을 위한 공감 연습

"우리가 왜 이렇게 있는 대로 화를 내며 상대방을 공격하고 있을까?"

"사실, 우리는 의견이 잘 맞았던 적도 있었지. 그때 우리는 서로를 존중하고 아껴주곤 했었지. 그런데 지금은 왜 이렇게 서로를 죽이려고만 들까?"

그렇게 생각하면서 서서히 민망하고 미안한 마음이 들기 시작했지요. 아무도 알려주지 않았지만, 자신 안에 있던 어떤 근원의 메시지를 들을 수 있었습니다. 그러면서 살벌했던 표정을 스르르 내려놓기 시작했지요. 일그러진 얼굴 근육을 풀고 슬며시 기지개를 켜보기도 했습니다. 한참 동안 모모를 바라보고 있던 눈을 돌려 이번에는 용기를 내어 상대방을 바라보았지요. 그 순간, 서로 깨닫게 됩니다. 다만 상대방을 공격한 것이 아니었습니다. 자기 안의 또 다른 자신, 스스로 쓰레기 같고 더럽고 경멸스러워서 단 한 번도 쳐다볼 수 없었던 자신을 상대방한테 던져놓고는 화를 내고 있었다는 사실을 알아차리게 됩니다. 상대의 허물에 화가 난 것이 아니라 자신의 그림자를 상대방에게 던져두고 그것을 스스로 짓밟고 있었던 거지요. 그들은 무슨 이유로 변화가 일어났는지 설명할 수는 없지만, 관계 속에서 중요한 무언가를 배우게 되었다는 것을 깨달았습니다. 모모는 화가 나서 온 그들이 다정하게 어깨동무하면서 나가는 모습을 지켜보면서 손을 흔들어주고 있었지요.

그들이 경험한 일은 마을의 새로운 화제가 되었습니다. 마을 사

경청의 힘

람들은 이제 원형 경기장에 있는 모모를 단순한 거지 아이로 보지 않았습니다. 마음을 알아주는 신비한 능력을 갖춘 아이로 여기게 되었지요. 모모가 원형 경기장을 벗어나려고 하지 않았으므로 마을 사람들은 그곳에서 살 방법을 궁리해서 거처를 마련해주었습니다. 누군가는 천막으로 만든 작은 공간을 만들어주었습니다. 누군가는 목욕시켜주고, 갈아입을 옷과 먹을 것을 주었지요. 그렇게 모모는 마을 사람들과 함께 살게 되었습니다.

소설 《모모》에서는 모모가 원형 경기장에서 살게 된 과정에 대해서는 단 몇 줄의 언급밖에 없습니다. 우리는 방금 소설 속에서 보이지 않는 장면을 상상해보았습니다. 소설의 맥락에서 보건대, 충분히 유추해갈 수 있는 장면이지요. 모모와 함께 있으면 유쾌해지고 갈등이 풀리는 체험은 분명 신비롭기 그지없습니다. 그것이 바로 '경청의 힘'입니다.

대개 갈등은 인간관계 속에서 나타납니다. 원하는 관계가 아닐 때 일어나는 것도 있지만, 또 많은 갈등의 원인은 가까운 사이에서 불거집니다. 어떤 일에 대한 실망감, 좌절, 낙담, 배신 등의 감정이 들게 되고, 그것이 못 견딜 정도가 되면 갈등의 골이 생기게 되지요. 시간이 지나면서 골은 깊어지기 마련입니다. 모든 갈등은 스트레스와 함께 심리적인 트라우마를 경험하게 됩니다. 현명한 해결책은 얽혔던 관계의 매듭을 푸는 것인데, 그것은 쉽지 않습니다. 풀려

관계와 소통을 위한 공감 연습

는 노력보다 자신이 당했던 억울함이 먼저 고개를 쳐들기 때문입니다.

모모의 메시지는 분명합니다. 바로 '경청'이지요. 경청의 힘을 바르게 체험하고 느끼기 위해서는 스스로 좋은 에너지를 가지고 있어야 합니다. 상대를 존중하기 위해서는 자신을 먼저 존중해야 합니다. 자기 자신을 존중하지 않고서 누군가를 존중해 줄 수 없기 때문입니다. 자중자애自重自愛의 마음, 곧 자신을 진정으로 아끼고 중요하게 여기며 사랑하는 마음은 긍정의 에너지를 가지게 합니다. 그런 다음 경청할 때 비판, 평가, 가치관의 잣대로 상대방이 말하는 흐름을 막지 않게 됩니다.

한편, 상대가 비난과 비판 일색인 경우가 있습니다. 그럴 때는 어떻게 해야 할까요? 대놓고 욕을 하는 경우가 아니라면, 그래도 경청해봅시다. 사실, 그럴 때의 경청은 무던히도 힘든 일입니다. 욕설을 함부로 내뱉는 것은 언어폭력이므로 폭력은 일단 피해야 합니다. 욕설이 아니라면 말도 안 되는 말로 공격해오는 경우라고 하더라도 경청해볼 수 있겠습니다. 이때, 감정의 변화나 마음의 부정적인 면을 가진 채 애써 억지로 억누르면서 들으면 효과가 없습니다. 상대방의 말을 그대로 고스란히 받아들인다고 생각하며, 가볍게 고개를 끄덕이며 모모의 눈빛을 떠올리면서 들어보면 실로 놀라운 효과를 얻게 됩니다. 상대방이 억지를 부리며 강요된 답을 요구해오는 것이라면, 요구하는 대로 해달라며 고집스럽게 윽박지르는 경우라면 어떨까요? 정도가 심한 언어폭력 수준의 말을 한다면 어쩔 수 없이 피해야 합니다. 그렇게 심하지 않다면 '경청'만이 답입니다. 아무런 비판이나 판단 없이 그저 오롯이 들어주게 될 때, 상대는 자신을 비추는 마음의 거울을 옆에 있는 이가 해줬다는 사실을 알게 될 것입니다. 그럴 때, 자신을 얽매이게 했던 감정의 실타래를 풀게 되지요.

　여기에서 '공감'을 함께 넣어볼까요? '공감 경청'은 말하는 상대방의 감정과 생각, 느낌에 대해 공감하는 마음을 담아서 듣는 것을 말합니다. 상대방의 언어나 비언어(몸짓, 표정, 억양, 눈짓)를 받아들이는 것입니다. '공감'은 상대의 감정과 의견이나 주장 따위에 대하여 자기도 그렇다고 느끼는 것이며, '마음 나누기'를 일컫습니다. 문제 상황으로 인해 불거진 정서와 감정을 도외시하는 것이 아니라, 정성껏 보살펴준다는 마음을 전하는 것이 바로 마음을 나누는 것입니다. 마음을 나눈다는 것은 상대의 말과 표정과 행동에 고개를 끄덕이며 받아들이는 것을 말합니다. 마음을 나누는 핵심적인 작용은 이해와 수용입니다. 올바른 이해와 수용이 제대로 작용한다면 마음을 나누면서 서로의 마음을 자연스럽게 들락날락할 수 있게 됩니다. 사실, '경청'이나 '공감 경청'이 따로 있는 것이 아닙니다. 올바른 경청을 할 수 있다면, 그것이 바로 공감 경청입니다. 경청은 '자

관계와 소통을 위한 공감 연습

연스러움'에 있습니다. 자신의 마음의 에너지와 상대방의 에너지가 서로 함께 스며들어 새로운 환기가 가능하게 됩니다. 따라서 논리적 분석과 판단과 이득을 따지면서 상대방의 말을 듣게 되면, 공감 경청이라고 할 수 없지요. 감정을 녹이는 것은 바로 따스함에 있습니다. 햇빛에 얼음이 풀리듯이 응어리진 마음도 마찬가지입니다. 따라서 기계적이고 기술적인 접근은 소용이 없습니다. 이론상 배웠다고 해서 그대로 따라 하는 것도 불필요합니다. 우리가 모모한테서 들을 수 있는 메시지는 다만 이것입니다.

"자기 자신을 사랑하시기 바랍니다. 그리고 사랑하는 마음으로 상대방의 말을 경청해주세요"

모모Momo 이름의 의미를 한자어를 통해 아래와 같이 개성 있게 해석해볼 수 있습니다.

* 某某 아무개 모—: 아무개와 아무개, 이 세상 누구나
* 慕慕 그리워할 모—: 각 사람의 마음속에 존재하는 사모하고 그리워하는 빛
* 募募 모을 모—: 그 빛을 발견하고 모아서
* 貌貌 얼굴 모—. 행동에 대한 공경 모: 인격과 인성이 소중하고 빛난다는 사실을 깨닫고
* 母母 어미 모—: 그리하여 우주의 근원인 어머니, 마

음의 고향을 찾음

이런 의미를 모아보면, 다음과 같은 말이 됩니다.

"모모는 이 세상 누구나 존재하는 마음의 빛을 모아서 스스로 빛난다는 사실을 깨달으면서 마음의 근원적인 힘, 우주의 근원의 힘을 자각하는 것"

이렇게 보자면, 모모는 다만 원형 경기장의 꼬마가 아니었군요. 바로 우리 안에 '모모'가 있습니다.

◆ 공감 경청함으로써 상대방을 배려하고 자신도 존중받는 느낌을 깨달을 수 있습니다. 공감 경청의 중요성을 실제로 체득하고, 실생활에서도 이를 행할 수 있는 계기를 마련함으로써 바람직한 인간관계 형성을 위한 기본적이고 실질적인 능력을 함양할 수 있습니다.

관계와 소통을 위한 공감 연습

# 인식하기
### 건강한 에너지를 주고 받기
영화 〈스톰보이〉

## 스톰보이의 눈동자

〈스톰보이 Storm Boy〉 이야기

영화 〈스톰보이 Storm Boy〉는 2019년 오스트레일리아에서 숀 시트 감독이 제작했습니다. 1976년 영화의 리메이크작이지요. 호주 출신의 작가 콜린 티엘의 소설을 원작으로 한 영화입니다. 모건 데이비스 Morgan Davies와 핀 리틀 Finn Little, 제프리 러쉬 Geoffrey Rush 등이 출연했습니다.

영화는 마이클이 섬의 자원을 개발하기 위한 의결권 행사를 하기 위해 사위가 대표로 있는 회사에 방문하는 장면에서 시작합니다. 회사 앞에는 개발을 반대하는 사람들이 시위하고 있고, 외손녀 매들린도 전화를 걸어와서 개발을 찬성하면 안 된다고 부탁합니다. 무분별한 자원의 개발을 둘러싸고 아버지와 대립하던 외손녀 매들린을 위해 마이클은 어린 시절 이야기를 들려줍니다.

성장기 동안 마이클은 아버지 톰과 함께 섬에서 살았습니다. 교통사고로 예기치 않게 아내와 딸을 잃게 된 톰의 선택이었지요. 인적 드문 곳에서 바다를 바라보며 지내던 마이클은 어느 날 어미를 잃은 새끼 펠리컨 세 마리를 돌보게 됩니다. 섬의 원주민 남자 핑거본이 우연히 찾아오게 되고, 펠리컨과 더불어 마이클의 유일한 친구가 됩니다. 핑거본 빌이라는 원주민은 소년에게 '만타우 야우리'라고 부릅니다. '폭풍 속을 걷고 있다'라는 뜻이고, 그 말을 영어로 옮기면, 〈스톰보이storm boy〉가 됩니다. 빌은 소년이 언젠가 폭풍우를 헤치고 걷는 모습을 봤다고 했지요. 각각의 이름까지 붙여주면서 애지중지 펠리컨을 키우면서 잃었던 웃음을 되찾은 특이한 생활로 인해 마이클은 유명해집니다. 그즈음 펠리컨을 전문적으로 사냥하는 이들이 득세하게 되지요. 펠리컨을 보호하도록 협의가 이뤄졌지만 몰래 도발적으로 자행하는 사냥꾼으로 인해 근처 펠리컨들은 떼죽음을 당하기도 합니다. 한편, 마이클이 키우던 펠리컨은 자랄 만큼 다 자라서 더는 돌봄이 필요하지 않게 되었지요. 다 자란 펠리컨을 떠나보내는 과정에서 마이클은 상실을 아픔을 딛고 날아오르는 방법을 성의껏 가르칩니다. 마이클도 이제 자라나서 고립된

관계와 소통을 위한 공감 연습

생활을 청산해야 할 때가 왔습니다. 학업을 위해 도시로 떠나라는 아버지의 결정에 어쩔 수 없이 따르면서도 마이클의 내면에는 저항의 분노가 자리 잡게 됩니다.

수십 년이 흘러 마이클의 아들 말콤은 아내 없이 딸 매들린을 키웠습니다. 부를 쫓아가며 환경 문제는 아랑곳없는 말콤의 물질 중심 가치관에 딸 매들린은 반기를 듭니다. 그럴 즈음 할아버지 마이클의 옛이야기를 듣게 된 것이지요. 세 마리의 펠리컨 중 유독 발육이 더디고 손이 많이 갔던 퍼시벌이 다시 돌아와서 마이클과 함께 지내던 날에 관한 이야기도 들려줍니다. 불법 사냥꾼이 함부로 난사하는 총을 저지하던 용감한 퍼시벌이 결구 총에 맞아 죽게 된 사연을 말합니다. 손녀 매들린과 함께 마이클은 다시 그 섬으로 들어섭니다. 그들은 나란히 신발을 벗고 해변에 앉아서 어딘가 펠리컨이 날고 있을 하늘을 바라보고 있습니다.

## 〈스톰보이Storm Boy〉의 눈동자

인생은 때때로 폭풍 속을 걸어가는 것과 같습니다. 반듯한 꽃길이 이어지지 않지요. 미풍이 불어오고, 산뜻하고 향기로운 길을 바라는 것은 마음뿐, 현실은 그렇지 않습니다. 그렇다고 늘 폭풍우가 휘몰아치는 것은 아니지만, 경우나 상황에 따라 자주 폭풍우를 헤쳐가야 하는 상황에 처해집니다. 혹은 어느 일정한 기간 그런 악조건 속에서 어쩔 수 없이 버텨야만 하는 순간도 있습니다. 이리저리 휘몰아치는 비바람 속에서 금방이라도 넘어질 듯한 위태로운 몸을 간신히 지탱해가면서 마치 곡예사처럼 한 걸음씩 떼면서 앞으로 걸어가는 삶을 상상해봅시다. 폭풍우 속에 있을 때는 오로지 앞으로 가는 것에 혹은 넘어지지 않는 것에 온 신경을 집중하게 됩니다. 뒤를 돌아볼 여유가 전혀 없지요. 폭풍우가 끝나고 고요해지는 그때, 비로소 뒤를 돌아보면 어떻게 그 시간을 견뎌왔을까 하는 심정이 듭니다. 내가 나에게 기특하다고, 훌륭하다고 말해주고 싶은 마음도 듭니다.

영화 〈스톰보이Storm Boy〉의 주인공 마이클은 노년기에 들어서 있습니다. 소년기에나 가졌을 성싶은 사랑은 굳어진 지 오래입니다. 낡은 서랍 속에 집어넣고 자물쇠를 채워두었던 감성을 일깨운 것은 바로 외손녀 매들린이지요. 매들린에게 어린 시절을 들려주면서 자연스럽게 펠리컨 이야기를 꺼냅니다. 펠리컨은 어린 마이클이 마음을 교류할 수 있는 유일한 친구였지요. 어미를 잃은 펠리컨과 어머니를 상실한 마이클은 상실의 아픔을 함께 나눌 수 있었습니다. 마이클이 어떻게 동물과 의사소통을 했을까요? 아기 때부터 돌봐온 탓에 펠리컨의 기호, 습성, 몸짓으로 나타내는 신호를 누구보다 더 잘 알아차릴 수 있었던 거지요. 게다가 관심 어린 사랑은 못 뚫을 장벽이 없기 마련이지요. 마지막까지 남아서 마이클 곁에 있던 펠

관계와 소통을 위한 공감 연습

리컨 퍼시벌이 당당하게 사냥꾼한테 맞서다가 죽는 모습에서 인간이란 존재가 부끄럽고 안타깝기 그지없어질 정도입니다.

영화가 들려주는 메시지를 따라가 보면, 우리의 의사소통이 오로지 인간관계 속에서만 이뤄지는 것이 아니라는 사실을 알게 됩니다. 의사소통은 사실, 만물과 이뤄질 수 있습니다. 키우고 있는 반려동물만이 아닙니다. 해와 달, 산과 들판, 강과 바다, 나무와 풀, 꽃과 나뭇잎, 구름과 비, 바람과 향기하고도 소통할 수 있습니다. 사실, 그런 소통이 더욱 필요하기도 합니다. '소통疏通'은 막히지 않고 잘 통하는 것을 뜻하지요. 무엇이 통할까요? 그건 뜻을 담은 메시지라고 할 수 있겠지만, 실은 '에너지'입니다. 에너지 교류가 원활하게 잘 일어나는 경우 만물과 소통이 잘 된다고 할 수 있습니다. 그래서 소통은 크게 세 가지로 분류할 수 있습니다.

첫째, 내가 나한테 하는 소통입니다. 스스로 소통이 잘 되는 것은 마음의 목소리를 잘 알아차리고, 가슴이 가리키는 대로 살아가는 것을 뜻합니다. 열정과 정열이 꿈과 더불어 발휘되는 삶을 일컫습니다.
둘째, 타인과 함께하는 소통입니다. 의사소통이 원활하게 이뤄질 수 있다면, 메시지 전달이 잘 되고, 피드백 또한 적절하게 오갈 수 있습니다. 즉 공감, 동감, 감정이입, 교감이 자연

인식하기

스럽게 스며들고 상호교류할 수 있습니다.

셋째, 만물과 하는 소통입니다. 만물이란 세상을 이루는 모든 이치와 원리를 포함하여 세상 모든 것을 말합니다. 자연과 사물 모두를 포함할 수 있습니다. 즉, 자연 혹은 사물에 대해서 에너지를 교류할 수 있습니다.

우리의 소통은 인식認識으로 인해 이뤄집니다. 인식은 사물을 분별하고 판단하여 아는 것을 말합니다. 심리적인 용어로는 인지認知라고도 하지요. 인지는 자극을 받아들이고 저장하고 찾는 일련의 정신 과정을 말합니다. 인식의 철학적 의미는 사람이 사물에 대하여 가지는, 그것이 진眞이라고 하는 것을 요구할 수 있는 개념 또는 그것을 얻는 과정을 일컫습니다. 우리가 인식하고 있다면, 그 속에서 에너지의 흐름이 작용하고 있다고 할 수 있습니다.

그렇다면, 우리의 인식 작용의 범위는 인간끼리만이 아니라 지구를 이루고 있는 만물, 또는 우주로 이어질 수 있습니다. 소통의 범위는 한계가 없을수록 월등합니다. 제한된 속에서의 소통은 한계가 드러납니다. 소통의 확장, 확대는 인간이 가져야 할 덕목이기도 합니다. 그것은 바로 '유무상생有無相生'입니다. 노자의 도덕경 상편 제2장에 나오는 '유무상생'이란 있음과 없음이 서로 함께하는 것을 말합니다.

미래학자들은 상생의 원리가 21세기 인류를 이끌 지침이 될 것

관계와 소통을 위한 공감 연습

이라고 입을 모읍니다. 상생은 생태학에서 파생된 개념인 공존co-existence이나 공생symbiosis보다 더욱더 포괄적이고 적극적인 의미를 갖습니다. 천하가 아름답다고 생각하는 데서 추함이란 관념이 나오고 선善을 좋다고 생각하는 데서 악惡의 관념이 생긴다는 것이지요. 있고 없는 것은 서로 상대하기 때문에 생기고有無相生, 어렵고 쉬운 것은 서로를 보완해 주며, 길고 짧은 것은 서로를 분명하게 드러나게 해주고, 높음과 낮음은 서로 의논하며, 음과 소리는 서로 조화를 이루고, 앞과 뒤는 서로를 따릅니다. 그러므로 성인은 '무위無爲의 태도'로써 세상일을 처리하고 무언의 가르침을 행하는 것이라고 할 수 있습니다. '무위의 태도'란, 자연에 따라 행하고 인위를 가하지 않는 것을 말합니다. 인간의 지식이나 욕심이 오히려 세상을 혼란 시키며, 자연 그대로는 사실 최고의 경지라고 할 수 있습니다. 있다는 것은 없다는 것을 전제로 했을 때 드러나는 것입니다. 이 말은 모든 세상 사물과 자연의 이치가 상대적인 비교에서만 파악할 수 있다는 것으로 불교의 '색즉시공 공즉시색色卽是空 空卽是色'이라는 말, 즉 물질적인 세계와 평등무차별한 공空의 세계가 다르지 않음을 뜻하는 말과도 통합니다.

의사소통 또한 그렇습니다. 성공과 실패라는 이분법의 구조로 파악해서는 곤란합니다. 서투르거나 실수와 오해의 날이 이어지고, 내면의 상처와 아픔과 좌절의 가운데 살아나가다 보면, 내 삶이 나에게 말을 걸어오는 순간이 있지요. 모든 것을 성장을 위한 과정에 있습니다. 실패가 아니라 실수이고, 그 모든 실수는 역경의 극복이라는 성공을 향해 가고 있습니다. 내가 나와 잘 소통할 수 있을 때, 즉 내면의 목소리에 귀를 기울일 때 타인과도 진정한 소통의 관계가 이뤄지게 될 것입니다.

◆ 인식함으로써 에너지를 교류한다는 소통의 뜻을 이해할 수 있으며, 이로써 의사소통의 의미를 확산하고 확대해서 파악하며, 실제로 경험했던 긍정적 소통의 경험을 함께 나누면서 긍정적 에너지를 교류할 수 있습니다.

관계와 소통을 위한 공감 연습

# 4.

# 메시지 바르게 이해하기

메시지는 송신자가 전달하려는 내용을 말합니다. 같은 내용이라도 말할 때의 순서나 단어의 배열, 문장 속의 앞뒤 맥락에 따라 달라질 수 있습니다. 또한, 송신자와 수신자의 태도로 인해 메시지를 다르게 해석할 수도 있습니다. 메시지는 수신자의 정서적 반응, 감정 및 태도를 염두에 두고 전할 필요가 있습니다. 정확하고 구체적인 정보를 전달해야 하며, 구체적인 행동으로 이어질 수 있도록 자세하게 표현해야 합니다.

의사소통의 기본 요소는 송신자, 메시지, 수신자입니다. 송신자는 메시지를 보내는 사람, 즉 말하는 이를 일컫고, 수신자는 메시지를 받는 사람을 뜻합니다. 송신자는 혼자만의 생각과 논리에 빠져서는 곤란합니다. 무엇보다 그 말을 듣는 이, 수신자의 지식이나 이해와 어휘의 수준에 맞도록 고려해서 말해야 합니다. 수신자는 송신자로부터 보내진 메시지를 인지, 이해, 해석하는 과정에서 복잡한 심리 과정을 거칩니다. 과거의 경험과 연결하기도 하고 송신자의 태도, 비언어적 전달, 자신의 문화, 성격 등의 영향을 받기도 합니다. 메시지를 수용하거나 이해하는 정도는 개인마다 차이가 있습니다. 흔히 수신자가 자신만의 세계에 빠져 있다면, 올바른 메시지를 들을 수도 없고 소통할 수도 없겠습니다.

메시지는 송신자가 전달하려는 내용을 말합니다. 같은 내용이라도 말할 때의 순서나 단어의 배열, 문장 속의 앞뒤 맥락에 따라 달라질 수 있습니다. 또한, 송신자와 수신자의 태도로 인해 메시지

메시지 바르게 이해하기

를 다르게 해석할 수도 있습니다. 메시지는 수신자의 정서적 반응, 감정 및 태도를 염두에 두고 전할 필요가 있습니다. 정확하고 구체적인 정보를 전달해야 하며, 구체적인 행동으로 이어질 수 있도록 자세하게 표현해야 합니다. 의사전달에 따른 효과적인 반응을 기대하기 위해서는 다양한 방법, 즉 언어나 비언어 혹은 시청각 등 매체를 활용해서 메시지가 전달되도록 하는 것이 필요합니다. 의사소통 과정은 다음 다섯 단계를 밟습니다.

먼저 송신자의 지식입니다. 의사소통을 위한 지식은 송신자의 생각과 느낌의 결과를 말하며, 이는 송신자의 생각, 건강 상태, 문화, 전통, 배경, 지금 상황에 의한 심리적이고 감정적인 상태에 영향을 받을 수 있습니다.

다음으로는 송신자의 지식을 암호화하는 과정입니다. 송신자가 자기 생각을 의사소통할 수 있는 형식에 대입하는 것을 의미합니다. 송신자는 자기 생각을 말이나 글, 비언어(손짓, 발짓, 몸의 움직임, 표정)로 옮깁니다. 의사소통이 잘 되기 위해서는 수신자가 이해할 수 있도록 단어나 상징, 기호를 활용할 준비가 되어 있어야 합니다.

다음은 메시지 전달입니다. 송신자는 특정한 수단 또는 매체를 통해 메시지를 전송합니다. 전화나 대면, 종이나 태블릿 사용, 팩스나 전자우편, 그림이나 몸짓언어, 표정, 손짓 등등을 사용할 수 있습니다. 그러한 전달 과정에서 때때로 잡음에 의해 제대로 전달되지 않을 수도 있습니다. 잡음은 메시지를 명확하게 전달하는 통신

관계와 소통을 위한 공감 연습

로의 능력을 상실하게 합니다. 전화상에서의 잡음, 팩스 기계의 원활하지 않고 선명하지 않은 인쇄, 전자우편 번호의 오류 등등은 통신로에 대한 잡음의 몇 가지 예입니다. 유능한 송신자는 잡음을 최소화하고 선택한 매체를 통해 메시지를 보내기 위한 조건을 최적화하려고 미리 준비합니다. 특히 시각이나 청각에 장애가 있는 분들의 경우 원활한 의사소통을 위해 편리한 방법을 직접 물어보고 활용하는 것이 좋겠습니다.

다음은 수신자의 메시지 이해입니다. 수신자는 전해오는 메시지를 해독하게 됩니다. 즉, 형식에 맞춰 암호화된 메시지의 의미를 알아차리고 자신이 이해할 수 있는 형식으로 받아들이게 되지요. 이 단계에서 많은 요인이 작용할 수 있습니다. 문화의 차이, 메시지 내용의 이해도에 따라 차이가 발생합니다. 또한 수신자가 메시지를 해독하는 과정에서 물리적인 잡음이 있기도 합니다. 예를 들어 근처 공사 현장, 자동차 경적, 전화벨 소리, 아기 울음소리 같은 생활 소음들이 적절한 의사소통을 방해하기도 하지요. 또한, 물리적 공간의 상황이 너무 덥거나 추울 경우도 의사소통이 잘되지 않습니다. 수신자의 신체적인 요소도 작용합니다. 고통으로 인해 불편하거나 너무 졸리거나 피곤할 경우, 불안이나 공포 등의 감정적으로 동요가 된 상태에서는 의사소통이 원활하게 잘 이뤄질 수 없을 경우가 많습니다.

마지막 과정으로 수신자의 이해와 피드백이 있습니다. 수신자

메시지 바르게 이해하기

는 메시지를 이해하고 송신자에게 전해진 메시지를 받았고 그것을 이해했다는 내용의 피드백을 제공합니다. 이는 언어적, 비언어적 표현으로 이뤄질 수 있습니다. 수신자가 그 내용을 이해하고 바로 답변하거나 몸짓이나 손짓으로 대신해서 피드백을 전달할 수 있습니다. 메시지의 송신자는 다음의 두 가지 방법으로 이 단계를 강화할 수 있습니다. 첫째로는 수신자가 편리한 시간이나 상황에서 의사소통이 전달되도록 시도할 수 있습니다. 둘째로는 송신자는 수신자에게 "제 말을 이해하셨나요?"라고 물어봄으로써 메시지가 잘 받아들여지고 있는지 검증할 수 있습니다. 수신자는 또한 송신자에게서 들은 말을 토대로 자기 생각을 말함으로써 이 단계를 강화하는 것이 효과적인 표현 방법일 수 있습니다. 즉, "이렇게 말씀하신 게 맞나요? 제 생각은 이렇습니다"라고 하는 것이지요. 수신자의 반응이 전혀 없을 때, 혹은 무표정할 때는 송신자는 메시지 전달을 다시 시도해보아야 합니다.

관계와 소통을 위한 공감 연습

# 이성의 끈

## 감정의 소용돌이에서 빠져 나오기

소설 〈노끈〉

# 노끈

소설 〈노끈〉은 모파상[6]의 작품입니다. 간략하게 간추린 소설 〈노끈〉을 함께 살펴볼까요?

마침 그날은 장날이었다. 지독한 노랑이 오슈코른 영 감은 장이 서는 고데르빌 광장을 향해 가다가 조그마

---

6 모파상(Guy de Maupassant, 1850년 8월 5일~1893년 7월 6일): 프랑스 소설가. 자연주의 문학을 대표하는 작가. 파리에서 법률 공부를 하다가 프랑스-프로이센 전쟁 때 군에 자원입대한 뒤 우울증에 걸렸으며 이후 문학에 관심을 가지게 되었다. 귀스타브 플로베르한테 문학 수업을 받았고, 에밀 졸라가 주축이 되어 엮은 단편집 《메당 야화》에 단편 〈비곗덩어리〉를 발표함으로써 공식적으로 등단했다. 복잡한 여자관계와 정신질환으로 자살을 시도하다가 파리 교외의 정신병원에서 생을 마감했다. 장편 소설로는 《어느 인생(1883)》, 《벨아미(1885)》, 《오리올 산(1887)》, 《피에르와 장(1888)》, 《죽음처럼 강한(1889)》, 《우리의 마음(1890)》, 단편소설은 〈목걸이〉 등 300여 편, 희곡 5편, 기행문 3편, 시집 1권이 전해온다.

이성의 끈

한 노끈 오라기가 땅바닥에 떨어져 있는 것을 발견했다. 조금이라도 쓸모가 있으면 무엇이든 모아 두는 그는 그 하찮은 노끈을 집으려 했다. 그때 영감과 심하게 다툰 뒤로 사이가 좋지 않은 마구 수선업자 말랑댕 씨가 멀리서 그를 바라보고 있었다. 오슈코른 영감은 노끈 오라기를 줍는 모습을 원수에게 보여주었다는 생각에 적잖이 수치심을 느꼈다. 그는 주운 노끈을 얼른 바지 주머니에 넣었다.

이윽고 정오가 되어 영감이 식당에 들어가 식사하고 있을 때, 한 사내의 외침이 들려왔다. "오늘 아침 베즈빌 노상에서 돈과 서류가 든 까만 가죽 지갑을 잃어버렸다고 합니다. 주운 사람은 즉시 돌려주시면 보상금을 드립니다." 사내가 사라진 뒤 헌병 대장이 나타나 오슈코른 영감을 찾으며 읍사무소까지 가자고 했다. 영감은 당황했지만, 곧 따라나섰다. 읍사무소 도착하자 읍장이 말했다. "오늘 아침에 말랑댕 씨가 당신이 거리에서 지갑 줍는 것을 보았답니다." 그러자 그는 불현듯 생각이 떠올랐다. "이런 고얀 놈이! 실은 노끈을 줍는 걸 보고 하는 수작이에요." 영감은 주머니 속에서 노끈을 꺼냈지만, 읍장은 믿음직한 말랑댕 씨가 설

관계와 소통을 위한 공감 연습

마 노끈을 지갑으로 잘못 보았겠냐며 믿지 않았다.

마침내 그는 말랑댕 씨와 맞대면하여 옥신각신하며 자진해서 몸수색까지 받았다. 하지만 아무것도 나오지 않자 읍장은 그들을 돌려보냈다. 이 소문이 퍼지자 사람들은 수군거렸고 영감은 분통을 터뜨리자 밤새 끙끙 앓았다.

이튿날 오후 한 농장 일꾼이 길에서 주운 지갑을 주인에게 돌려주었다는 소문이 근방에 퍼졌다. 오슈코른 영감은 즉시 동네를 돌며 "내가 화나는 건 멀쩡한 거짓말 때문이야."라고 의기양양하게 말했지만, 사람들은 오히려 등 뒤에서 이러쿵저러쿵 말을 해댔다.

다음 월요일, 다시 고데르빌 장터 식당에 들어간 그는 지갑 이야기를 꺼냈지만 한 상인이 코웃음 치며 대꾸했다. "그야 물건을 주운 사람과 갖다준 사람과는 다를 수 있지요." 사람들은 그가 다른 사람을 시켜 지갑을 가져다준 줄 알고 있는 것이다. 너무나 억울해 견딜 수 없었던 영감은 더 열렬히 항의했지만 소용없었다. 자신의 결백을 끝까지 내세우려는 헛된 노력으로 날마다 야위어 가던 그는 마침내 마음마저 허약해져 정월에 죽고 말았다. 숨을 거두면서도 그는 헛소리를

123

이성의 끈

되뇌었다.

"그건 노끈 오라기예요. 보십시오. 읍장 나으리!"


## 노끈 이야기

이야기의 배경은 19세기입니다. 작은 마을의 오슈코른 영감과 말랑댕 씨가 주인공이지요. 아마도 자주 만나곤 했을 그들은 처음 부터 나쁜 관계는 아니었습니다. 어느 날, 무슨 일 때문인지 알 수 없지만, 그들은 심하게 다투고 말았지요. 그 뒤로는 사이가 좋지 않 았고, 비극은 거기에서부터 시작되었습니다. 오슈코른 영감이 주운 노끈 오라기를 말랑댕은 지갑이라고 오해하게 됩니다. 급기야 말랑 댕은 신고까지 하게 되지요. 읍장이 오슈코른을 불러 질책했고, 오 슈코른은 지갑이 아니라는 말을 하지만 믿지 않습니다. 읍장이 평 소에 신뢰 관계에 있던 말랑댕의 말을 더욱 믿은 탓이지요. 그뿐만 이 아닙니다. 마을 사람들도 오슈코른이 지갑을 가지고 갔다고 수 군대기 시작합니다. 그런 일이 일어난 이튿날, 농부가 우연히 지갑 을 주워서 갖다줍니다. 오해가 풀릴 법하지만, 그렇지 않습니다. 여 전히 오슈코른은 지갑을 주운 사람이었습니다. 주위 사람들이 이 를 알게 되자 잔꾀를 부려서 길에 슬쩍 둔 것으로 생각했던 것입니다. 사실이 거짓으로, 거짓이 사실로 둔갑하고 말았지요. 오슈코른은 지갑을 가져간 것이 자신이 아니라는 것을 끝내 증명하지 못했습니다. 억울한 마음에 사로잡힌 그는 결국 화병으로 죽고 말았지요.

억울한 데다가 누명을 밝히지도 못하고 화로 인해 죽기까지 하니, 이 이야기는 오슈코른의 수난기인 셈입니다. 살펴보면, 이런 일이 종종 일어납니다. 그 일은 내 잘못이 아닌데도 어떤 일에 연루되어 질책당하게 되고, 주위에서 그렇게 낙인을 찍기도 하지요. '스티그마stigma'라는 심리 용어는 불명예, 흠, 결점을 상징합니다. 타인들이 외면하고 배척하게 되는 부정적인 흔적, 낙인을 일컫지요. 이러한 스티그마는 주위에 확산시키게 되고, 그 대상한테 부정적 편견을 심어주게 됩니다. 소문이 무성하게 될 때는 말이 눈덩이처럼 부풀어 오르기 마련이어서 그 소문을 어쩌다 듣게 된 오슈코른은 온몸에 피가 마르는 듯한 심정이었을 것입니다. 어떻게 하면 오슈코른을 살릴 수 있을까요? 비극으로 끝나는 이야기를 바꿔봅시다.


노끈을 주웠는데 지갑을 주웠다고 오해한 말랑댕부터 시작해봅시다. 읍장한테 다녀온 오슈코른은 뭔가 잘못되었다는 것을 느끼게 됩니다. 그리고 화가 날 수밖에 없지요. 억울과 분노가 뒤범벅이 된 채 끓어오르는 울분을 감출 수 없을 것입니다. 주위에 돌아가는 꼬락서니도 불리하기만 합니다. 이제 선택은 오슈코른한테 있습니

이성의 끈

다. 이 상황에 휘말려서 부정으로 치닫고 마느냐, 부정을 극복할 것인가. 그 결정은 쉽지 않습니다. 사실, 선택은 한 가지라고도 할 수 있습니다. 부정으로 휘감기는 것은 가만히 놓아두면 감정의 흐름이 그렇게 갈 수밖에 없기 때문입니다. 감정은 부정으로 휩쓸리기 마련입니다. 이미 스티그마의 강력한 부정 에너지가 휘감고 돌기 때문입니다. 그러니 선택은 박차고 나가느냐, 아니냐에 있습니다. 만약 이대로 있겠다고 결정했다면, 그리고 그건 실은 결정이 아니라 그저 급류대로 휩쓸린 채 놓아두게 되면 죽음만이 기다릴 뿐입니다. 이미 소설의 마지막을 경험했으니, 박차고 나가는 쪽으로 선택해볼까요?

그것은 굉장한 용기가 필요한 일입니다. 그렇지만 한번 그렇게 하기가 힘들지, 해보면 의외로 술술 풀리기도 합니다. 먼저 부정 에너지에서 박차고 나가겠다는 마음가짐이 필요합니다. 정신없이 흘러가는 급한 물결에서 빠져나올 수 있어야 합니다. 그럴 때 객관적이고 있는 그대로의 자신을 보게 됩니다. 지금, 현재, 이 순간에 가지는 감정과 생각을 종이에 적어보는 것이 좋은 방법입니다. 우리의 오슈코른은 이대로 이렇게는 살 수 없다고 결심하게 됩니다. 부정 에너지를 극복하기 위해 의지를 내겠다고 결의를 굳힙니다. 그는 종이 위에 이렇게 적습니다.

'나는 너무나 억울해. 분명 이렇게 노끈이지 않은가. 나더러 지

갑을 주웠다고 하다니. 말랑댕이 미워죽겠어. 나를 모함하다니! 몹쓸 인간!'

　그는 연이어 말랑댕에 대한 욕을 몇 줄 더 쓰기도 합니다. 생각할수록 화가 치밀어 오릅니다. 실컷 욕을 써놓고도 분이 풀리지 않습니다. 아니, 오히려 분이 더 끓어오르고 있습니다. 그때, 다시 오슈코른은 종이 위에 크게 이렇게 적습니다.


'화'


　자신의 마음, 생각, 감정을 지배하는 것이 화라는 것을 알아차립니다. 이 '화'를 어떻게 하면 없앨지 궁리해봅니다. 화는 결국 독초처럼 자라나서 자기 내면을 서서히 무너뜨리게 될 거라는 사실을 잘 알기 때문이지요. 화는 가지는 순간부터 독이어서 품고 있어도 아니면, 밖으로 화풀이를 해도 퍼질 수밖에 없다는 것을 오슈코른은 깨닫기 시작합니다. 이제 '화'와 분리할 작정을 하지만 그것은 쉽지 않습니다. 하지만 오슈코른은 용기를 내어봅니다. 거대한 물살이 흐르고 있는 강 한가운데로 떠내려가고 있는 자신을 떠올려봅니다. 속수무책으로 그렇게 떠밀려가는 자신을 내려다봅니다. 거대한 손가락으로 자신을 들어 올려 강기슭에 두는 장면을 상상해봅니다. 그렇게 이미지로 떠올리는 것만으로도 한숨이 새어 나옵니다. 물살의 끄트머리에는 천 길 낭떠러지가 있기 때문입니다. 그대

이성의 끈

로 떠내려가다 보면, 결국 죽음만이 기다리고 있을 테지요. 오슈코른은 상상의 힘으로 '화'로부터 분리된 자신을 지켜봅니다. '화'와 하나가 아닐 수도 있다는 생각만으로 마음이 가벼워지는 것을 느낍니다. 오슈코른은 찌푸렸던 미간을 펴고는 중얼거립니다. 그럼, 이제 어떻게 해야 하지?

화가 나지 않는 자신을 상상하는 것은 쉽지 않습니다. 늘 화와 긴장과 함께 살아왔기 때문입니다. 이 익숙한 것으로부터 분리해서 물살의 흐름을 살펴보니, 그동안의 삶이 안타깝기만 합니다. '화'라는 급류 속에 아주 오랫동안 빠져 있었다는 것을 비로소 깨닫게 됩니다. 그 급류가 소용돌이치며 자신을 타격해왔는데도 이렇게 빠져나갈 생각을 한 번도 하지 않은 것도 신기할 노릇입니다. 오슈코른은 그동안 자신의 삶이 분노와 긴장으로 뒤범벅되었다는 사실을 알아차립니다. 자신을 닦달하기만 한 게 아니었습니다. 가족도, 주위도, 세상도 그렇게 쫓기듯이 대하고 그들도 그렇게 자신한테 대한다고만 여겨왔던 거였지요. 그렇다면, 말랑댕도? 언젠가 말랑댕과 있었던 말다툼도 분노와 긴장과 의혹의 다그침으로 생겨났던 것이라는 사실을 이제야 알게 됩니다. 그는 말랑댕과 진솔한 대화를 하고 싶다고 생각합니다. 지갑을 주운 게 맞다 아니다에 대한 대화가 아니라 그저 지금 느껴진 솔직한 마음을 털어놓고 싶은 겁니다. 오슈코른이 과연 말랑댕을 찾아갔을까요? 말랑댕한테 화를 내

관계와 소통을 위한 공감 연습

지 않고 오히려 옹졸했던 예전의 자신을 용서해달라는 말을 꺼냈을까요? 그 말을 들은 말랑댕은 어떻게 했을까요? 오슈코른의 마음을 받아들였을까요? 아니면 지갑을 훔쳐 간 것에 대해 입막음을 하는 것이라고 여기며 더 큰 소문을 부풀려냈을까요?

알 수 없는 노릇입니다. 다만, 우리가 알 수 있는 것은 오슈코른이 지금까지와는 전혀 다른 삶을 '살게 되었다'라는 것입니다. 그렇습니다. 오슈코른은 '살게' 되었습니다. 어떤 일을 계기로 자신의 내면으로 들어가 성찰하고 전반적인 삶의 형태를 통찰하게 되면, 결국 긍정으로 극복하게 되지요. 이것이 바로 엄연한 삶의 법칙입니다. 그렇게 긍정 에너지로 살다 보면, '지독한 노랑이'라는 세간의 평은 점점 옅어지다가 반전이 일어나게 됩니다. 단기간에 될 수도 없고 쉽지도 않겠지만, 결국 일어날 수밖에 없습니다.


"오슈코른 영감 말이야. 사람이 변했어. 어쩌면 저렇게 너그러울 수가 있을까. 예전에 지갑을 가져갔다고 우리가 다들 욕하곤 했잖아. 그런데 사실은 그 영감이 노끈을 주운 것일지도 몰라. 괜히 우리가 오해했을 수도 있어."

언젠가 마을 사람들은 이렇게 말을 할 수도 있게 되겠지요. 오슈코른한테 타인의 시선과 평가는 그렇게 중요하지 않습니다. 급류의 휘말림에서 자주 빠져나오다 보니, 이제는 평탄하게 흘러가는 자신의 삶을 바라보게 됩니다. 내면에서 들려오는 목소리에 귀를

이성의 끈

기울이게 되고, 가지려는 삶에서 베푸는 삶으로 들어선 지도 오래 되었습니다.

소설 속의 저주받은 노끈을 세상과 타인과 소통할 끈끈한 노끈으로 바꾸게 할 힘은 오직 오슈코른의 내면에 있습니다. 환경과 처지로 인한 역경을 자신을 위한 성장으로 탈바꿈할 힘 또한 내면에 있습니다. 인간관계의 위기는 내면 성장을 위한 탁월한 기회입니다. 내면의 진정한 변화는 성찰과 통찰의 힘으로 인해 일어날 수 있습니다.

◆ 상황이나 감정의 소용돌이에 휘말린 자신을 객관적으로 살펴봄으로써 자신을 성찰하는 힘을 기르며, 나아가 삶을 통찰하는 시각을 가짐으로써 부정적인 영향으로부터 빠져나와서 긍정적인 변화를 이룰 수 있으며 이런 과정에서 인간관계 위기의 상황을 슬기롭게 극복해서 인간관계 성공의 체험을 가질 수 있습니다.

관계와 소통을 위한 공감 연습

# 수용하기

## 마음에 드리운 그림자 걷어내기

### 시 〈그림자의 인생길〉

## 그림자 인생길

그림자의 인생길[7]

호숫가를 지나던 개 한 마리가 물속을 들여다봅니다. 물속에는 자기를 바라보는 다른 개가 있습니다. 그 모습이 이상해 얼굴을 찡그립니다. 물속의 개도 험상궂게 찡그립니다. 호숫가의 개는 별안간 화가 나서 짖어 댑니다. 이빨을 세우고 코를 벌렁대며 으르렁거리다가 앞발을 들어 할큅니다. 싸움이 깊어져 호숫가의 개는

7 출처: 〈꽃비 내리는 마을로 가는 길〉

그만 물속으로 뛰어듭니다. 호수는 그 개를 삼켜버립 니다. 임이시여, 저 또한 그러합니다. 저 또한 그림자 의 인생길을 가고 있습니다.

허성욱[8]

이 시의 제목은 〈그림자 인생길〉이지만, 사람이 주인공이 아닙 니다. 호숫가를 지나던 개 한 마리에서부터 이야기가 시작되지요. 물속에 비친 것은 자기 자신이지만, 그것을 알지 못합니다. 자기 모 습을 이상하다고 여기는 것부터가 비극의 시작입니다. 한 번도 자 신을 비춰보지 않았다는 증거이지요. 자주 자신을 들여다봤으면 자기 모습에 익숙했을 것입니다. 자신을 이상하게 여기자마자 얼굴 을 찡그리게 됩니다. 여기에서도 비극적인 결말의 시작을 알 수 있 습니다. 이상한 것을 보면 찡그리게 되는 습성이 자신을 부정적인 사태로 내몰게 되는 셈입니다. 이상한 것, 당해보지 않았던 낯선 것, 겪어보지 못했던 순간, 예상하지 못한 일들에 대한 대응이 바로 '찡그림'으로 일단락하고 있습니다. 그다음 상황에서 자신을 바라보 는 존재가 고약한 인상을 풍기고 있다는 것을 보게 됩니다. 역시 자 기 자신한테 쏘아붙이는 부정적인 인상을 모르고 있습니다. 그러

---

8 허성욱(1956~). 전북 군산 출생. 1977년 미당 서정주 시인 추천으로 〈시와 시학〉을 통해 등 단. 시집으로 1996년 《꽃비 내리는 마을로 가는 길 》, 2003년 《하늘북 소리》, 2005년 《빛나는 가을 햇살을 밟고》가 있다.

관계와 소통을 위한 공감 연습

다가 딱한 상황이 벌어지고 말지요. 자신을 향한 찡그림, 험상궂은 인상들이 자신을 공격하고 만 겁니다. 별안간 당했다고 느낀 나머지 화가 나기 시작합니다. 화는 점점 더 불어나서 급기야 짖어대기 시작합니다. 이빨을 세우기도 하고 코를 벌렁대기도 하고 으르렁거리기도 합니다. 제대로 싸움이 붙기 직전입니다. 뒤엉켜 싸워야 직성이 풀릴만할 지경입니다. 그러려면 상대에게 몸을 던져야 합니다. 그렇게 하려고 행동으로 옮기는 찰나 개는 물속으로 뛰어들고 호수의 물은 깊어서 그만 다시는 물에서 나오지 못하고 말았습니다. 개 이야기는 여기까지인데, 개에서만 그치지 않습니다. 전반적인 시의 이미지가 함축된 제목인 '그림자 인생길'이라는 말의 의미가 다음 구절에 있습니다. 먼저 '임이시여'라고 부르고 있습니다. 어떤 '임'을 뜻할까요? 그 존재는 자유롭습니다. 자신이 믿는 신앙 속에서의 절대자일 수도 있고, 우주의 에너지일 수도 있습니다. 조상님을 말할 수도 있고, 이제까지 자신이 존재할 수 있도록 지지해주고 돌봐준 대상일 수도 있습니다. 어쨌든 이 중요한 깨달음의 순간에 소리쳐 부르고 싶은 '임'은 자기 자신한테 소중한 존재일 수밖에 없습니다. 임을 부르고 나서 고백하고 있습니다. 자신도 또한 그러하다고. 자신도 또한 그림자의 인생길을 가고 있다고.

이 시는 다분히 참회의 시입니다. 다만 낯익은 이솝 우화만 생각하고 말 일이 아닙니다. 그 우화는 누구나 한번 들어봤을 먹이를

133

수용하기

물고 가는 개 이야기입니다. 먹이를 구해서 물고 가는 개가 호수를 지나가다가 문득 내려다보니 먹음직한 먹이를 가져가는 개 한 마리가 보이는 거였지요. 그 개가 가진 먹이가 더 크게 느껴져서 위협을 해서 빼앗아 먹으려고 짖다가 그만 자기 먹이를 놓쳐버렸다는 이야기입니다. 같은 그림자에 관해서이지만, 이솝 우화에서 나오는 먹이를 놓쳐버린 개가 '욕심'과 관련된 우화라면, 허성욱의 시는 마음의 '그림자'로 성찰을 일깨우는 점이 변별되는 점이겠습니다.

분석심리학자 융Jung에 의하자면, 인간은 누구나 '내면의 그림자'가 있습니다. 그 그림자는 스스로도 도저히 용납할 수 없고 인정할 수 없어서 덮어두기만 하거나 오히려 누군가에게 던져서(투사) 그 사람을 욕하는 길밖에 없을 정도의 어두운 내면을 말합니다. 그것을 직면하기 위해서는 엄청난 용기가 필요하지요. 자기 내면의 그림자를 인정하는 것은 대단히 힘듭니다. 두렵기 때문이지요. 고상하고 고결하다고 생각하는 사람일수록 더욱 그러합니다. 자신한테 비춰 보이는 흉악한 내면의 모습을 외면하거나 회피하려고만 들지요. 그럴수록 그림자는 더욱 커지고 흉물스럽게 부피를 부풀리게 됩니다. 그림자가 급격히 커져서 자신을 점령하고 마는데도 깨닫지 못하게 되는 경우가 많습니다. 흔히 내면의 그림자를 타인의 잘못으로 돌리며 상대방을 욕하기만 하지요. 자기 자신을 비추고 있는 상황을 모른 척하거나 회피하고 부인하면서 투사하는 동안 그림자는 더욱 커져만 갑니다. 급기야 온통 그림자로 휩싸여서 그것이 그림자인

관계와 소통을 위한 공감 연습

지도 모른 채 살아가게 됩니다. 그런 삶은 거짓과 허영과 가식으로 뒤덮여서 악취가 풍기게 되지요. 그렇게 사는 것이 익숙해지면, 그것이 맞는다고 착각하며 살게 됩니다. 그럴 때 인간관계나 의사소통은 허술하기 짝이 없습니다. 세월이 흐를수록 그림자는 진화와 진화를 거듭해서 의사소통은 피상적이고 계산적이며 기계적인 불통의 관계로 이어지게 됩니다. 그렇게 사는 것이 맞는다고 여기면서 동시에 스스로 허무해지는 것을 감추기 위해 사회적 가면persona을 더욱 두껍게 쓰기도 합니다.

그림자를 알아차리게 되는 순간은 숭고한 순간입니다. 지금까지 잘 모르고 자신의 그림자와 싸우려고 덤벼들면서 몰락해갔던 삶을 깨닫게 되는 참회의 순간이지요. 그렇게 먼저 알아차려야만 그림자를 제대로 볼 수 있습니다. 그림자는 알아차리는 순간에 놀랍게도 부풀기를 멈추게 됩니다. 좀 더 자세히 쳐다보고 있으면, 그 크기가 점점 줄어든다는 것을 알아차릴 수 있습니다. 제대로 직면할 수 있을 때 치유가 일어나기 때문이지요. 노려보는 것이 아니라, 있는 그대로 수용하면서 지켜볼 때 그림자는 녹기 시작합니다. 마치 거대한 얼음덩어리를 녹이기 위해 열을 가하듯이 말이지요. 그림자는 얼음의 속성을 지니고 있습니다. 자기 자신을 있는 그대로 인정하고 수용하며 포용하게 될 때, 그림자는 작아집니다. 그렇다고 하더라도 그림자 모두를 없앨 수는 없는 노릇입니다. 햇볕과 그늘

수용하기

이 함께 존재하듯이 살아가는 동안 심리적인 그림자는 깡그리 없어질 수 없습니다. 그렇지만 그림자의 부피가 줄어들 수 있으며, 그렇게 하는 것은 자연스럽고 부드러운 성향으로 자신을 변화시키는 것입니다. 자기 자신이나 타인과도 소통이 잘 된다는 것을 뜻합니다. 자기 자신과 소통이 된다는 것은 내면의 근원적인 힘, 마음의 빛을 자각하고 이를 실생활에서 고스란히 체득하면서 살아갈 수 있다는 의미입니다. 타인과 소통이 잘 이뤄진다면, 원만한 인격으로 자신을 속박하지 않고 자연스럽고 온화하게 살아갈 수 있습니다. 우리는 사실, 이러한 삶을 꿈꾸고 있지요.

◆ 심리적 그림자를 파악하고 이를 수용하여 적극적이고 긍정적으로 그림자를 녹이는 과정을 통해 내면의 성찰을 이룰 수 있으며, 이로써 타인 이해와 소통으로 건강하게 이어질 수 있습니다.

관계와 소통을 위한 공감 연습

5.

내 생각과 감정

잘 전달하기

마음을 표출하는 것이 바로 시선입니다. 눈을 통해 상대방의 마음을 짐작할 수 있고 내 마음도 전달할 수 있지요. 호의와 호감, 관심은 눈으로 전달됩니다. 눈을 마주치게 될 때, 마음이 연결되고 있다고 볼 수 있습니다. 시선 접촉이 잘 되느냐에 따라 신뢰 관계 형성을 판단할 수 있습니다. 눈을 직접 바라보는 것보다 더 영향력이 있는 의사소통은 없습니다.

소통은 인간이 인간임을 이루게 하는 근본적인 움직임입니다. 소통은 대개 언어와 비언어를 통해 의사를 전달하고 이를 받아들이며 이해하고 그 뜻을 맞춰가는 과정 모두를 포함합니다. 제대로 소통한다는 것은 상대방과 원활한 교류가 이뤄진다는 것을 의미합니다. 또한, 긍정적인 에너지를 상호 교류하고 있다는 것을 뜻합니다. 이와 반대로 부정적인 에너지가 증폭되는 상황이라고 한다면, 그것을 단연코 불통의 상태라고 할 수 있습니다. 불통의 상태는 외면, 비난, 멸시, 포기 등과 같은 상황을 의미합니다. 불통은 감정의 악화와 불신이나 오해, 왜곡된 평가를 불러일으키지요. 사실, 모든 갈등의 요인들은 불통에서 옵니다.

최근에는 첨단 기술로 인한 정보화 사회, 컴퓨터 기기 보급과 기술혁명의 테크놀로지 시대 상황에 따라 의사소통의 범위가 확대되고 있습니다. 인터넷은 물리적인 국경을 뛰어넘어 존재하고 있으며, 세계의 여러 나라 사람들과 소통할 수 있지요. 직접 마주 보지

내 생각과 감정 잘 전달하기

않아도 얼마든지 소통이 가능한 시대입니다. 편지, 전보, 전화, 팩스, 인터넷의 순으로 의사전달의 수단 및 매체가 발달해왔습니다. 각종 통신 수단의 발달이 의사소통의 발달과 변화에 중요한 영향을 미쳤던 것이지요.

사실, 긴밀하고 진정한 인간관계는 대면해서 맺는 관계에서 옵니다. 사이버 공간의 소통은 접속으로 이뤄지고, 그것은 익명과 비대면을 특징으로 하고 있습니다. 얼굴을 마주하지 않기도 하지만, 사용자가 설정한 범위 내에서 그것도 밝히고자 의도적으로 제시한 것 외에는 각자의 정체를 알 수가 없습니다. 이러한 익명성은 자유로우나 인간성을 왜곡시키고, 방종한 상태로 치달을 수 있지요. 대표적으로 각종 악플러 사건이 터지기도 합니다. 또한, 사이버 공간은 통신망의 기술 자체가 추구하는 개방성이 특징입니다. 정보 공유를 목적으로 사이버 공간에 입력된 무수한 정보들이 그것을 필요로 하는 이들에게 전해질 때 그 가치가 실현되는 것입니다. 그러는 과정에서 여러 사기 행각을 위해 정보가 노출되거나 무분별한 폭력과 음란물의 보급 현상이 가중되고 있다는 점에서 정보사회의 부작용이 만연화되고 있다고 할 수 있습니다.

컴퓨터의 기억, 저장, 연산, 정보 검색 등의 괄목할만한 능력은 놀라울 정도로 인간의 문명을 발달시켜 왔지요. 그러는 동안 사이버 공간에 익숙해져 대면하며 맺는 소통의 방식은 점점 약화 되는 추세입니다. 또한, 지나친 개별화와 개체 분리가 사회 연대 의식의

관계와 소통을 위한 공감 연습

약화를 초래하고 있습니다. 즉, 현대인들은 점점 개인 중심주의적인 사고방식과 가치관을 가지며 이러한 유력한 원인으로 컴퓨터로 인한 영향을 들 수 있습니다. 사이버 공간에서는 피상적 인간관계의 만연, 과대한 정보로 빚어진 정보 공포증, 정보중독증, 정보를 둘러싼 갈등 증대 등의 문제가 일어나고 있습니다. 사이버 공간에서 소통을 많이 하면 할수록 실질적인 인간관계는 오히려 퇴보하게 됩니다. 즉, 자아 존중을 비롯한 인간 존중, 이타심, 협동 정신, 공동체 의식, 극복의 의지, 대의적인 꿈과 소망은 점점 피폐해지고 허물어지게 되지요. 바로 이것이 4차 산업 혁명 시대에 가장 주안점을 두고 회복해야 할 것들입니다.

일반적인 의사소통의 원칙에 의하자면, 염두에 두어야 하는 중요한 기법들이 있습니다. 먼저 명확성입니다. 대화의 첫째 요건이라고도 할 수 있습니다. 이야기할 때 이해할 수 없는 용어나 말을 한다면 소통이 어렵습니다. 명확한 표현과 알아듣기 좋은 또렷한 목소리로 원활한 소통이 될 수 있도록 해야 합니다. 다음으로 일관성입니다. 애매모호한 내용이나 말끝을 흐려서 이럴 수도 저럴 수도 있다는 식의 말은 수신자를 매우 헷갈리게 해서 의사가 잘 전달되지 않습니다. 다음으로 적절성입니다. 적당한 양으로 적절한 길이의 이야기가 이뤄져야 합니다. 너무 긴 이야기나 고리타분하고 무거운 이야기, 반복적인 이야기는 역효과를 낼 수 있습니다. 또한,

내 생각과 감정 잘 전달하기

적기 적시성을 가져야 합니다. 때에 맞는 의사 표현 및 전달이 이뤄져야 합니다. 그리고 만남을 요청하고 대화를 나눌 때는 시기를 잘 선택해야 합니다. 상대방이 긴급한 상황에 있을 때, 화가 나 있을 때, 다른 일로 바쁘거나 누군가와 만나고 있을 때는 의사를 전달해도 효과가 없습니다. 때를 잘 선택해서 대화를 나누고 상대방과 집중할 수 있을 때 소통해야 합니다. 다음으로 구체성입니다. 어떤 업무를 수행하고자 할 때, 그 과업을 수행할 특정한 구성원에게는 구체적인 의사전달이 필요합니다. 막연하게 많은 이들한테 이야기해서는 실행되기 어렵겠지요. 전달해야 할 대상한테 구체적인 업무 사항을 전달하는 것이 중요하겠습니다. 또한, 적응성과 통일성도 중요합니다. 적응성이란 의사전달의 융통성, 개별성, 현실 합치성 등을 말합니다. 통일성이란 각 의사 결정이 전체로 통일된 정책의 표현이 되도록 하는 것입니다. 갈등이 일어났을 때 통일성이 있으면서 개별의 적응성을 잘 살릴 수 있도록 조화를 이뤄 나가야 할 필요가 있겠습니다. 마지막으로 관심과 수용이 필요합니다. 개인은 조직에 속해서 존재합니다. 각 개인에 대한 존중과 관심은 곧 조직의 구성원이면서 동시에 개별적인 특징을 인정해주면서 인간관계를 긍정적으로 유지해 나가기 위한 중요한 단서가 됩니다. 또한, 집단을 향한 존중과 관심은 곧 개인에 관한 관심과 수용으로도 연결될 수 있습니다.

관계와 소통을 위한 공감 연습

의사소통은 크게 언어와 비언어로 나눌 수 있습니다. 언어는 말이나 글을 일컫는다면, 비언어는 음성, 표정, 시선, 몸짓, 말하는 공간, 접촉 등등입니다. 비언어적 의사소통을 간략하게 알아볼까요?

대면에서 소통할 때 얼굴 다음으로 많이 느껴지는 것이 바로 음성입니다. 대개 외향적이고 리더십이 있으며 앞에 잘 나서는 사람은 목소리가 크고 낮으며 울리는 특징이 있습니다. 목소리가 기어들어 가거나 끝말을 흐리거나 끝말을 흐지부지할 때는 자신감이 낮거나 위축된 상태임을 알 수 있습니다. 목소리 자체의 변화는 어렵지만, 속도, 간격, 성량 등의 변화를 추구해서 이미지를 바꿀 수 있습니다.

한편, 마음을 표출하는 것이 바로 시선입니다. 눈을 통해 상대방의 마음을 짐작할 수 있고 내 마음도 전달할 수 있지요. 호의와 호감, 관심은 눈으로 전달됩니다. 눈을 마주치게 될 때, 마음이 연결되고 있다고 볼 수 있습니다. 시선 접촉이 잘 되느냐에 따라 신뢰 관계 형성을 판단할 수 있습니다. 눈을 직접 바라보는 것보다 더 영향력이 있는 의사소통은 없습니다. 눈을 마주치지 않거나 말하는 동안 눈길을 돌리는 것으로 회피나 무관심, 감추고 싶은 심리를 읽을 수 있습니다. 그렇지만 너무 빤히 응시하는 것은 비인간적이고 사생활 침입으로 해석될 수 있습니다. 자칫하면 무례한 인상을 주거나 적대적으로 보일 수도 있지요. 정상적인 대화에서 직접적인 눈 마주침은 대화 시간 중 50~60% 동안 일어납니다. 시선의 평균 길이는 보통 3초 이하이고, 상호 시선의 길이는 약 2초 이하입니다. 송신자는 자신의 시간 중 약 40% 동안 수신자를 응시합니다. 수신자는 자신의 시간 중 약 75% 동안 송신자를 쳐다보지요. 그러니까 서로의 시선이 함께 머무르는 평균 시간은 약 8초 정도입니다.

의사소통 과정에서 손, 발, 팔, 머리 등 신체의 움직임을 적절히 사용함으로써 메시지의 의미를 더욱 분명하게 전달하거나 강조할 수 있습니다. 주변 환경이나 상대방을 크게 의식하는 사람은 여러 가지 몸짓을 많이 하는 경향이 있지요. 몸짓에는 머리와 손, 눈, 다른 신체 부위의 동작이 포함됩니다. 말 대신 흔히 사용되는 몸짓은 가장 분명하고 흔한 비언어적 메시지의 형태입니다. 예를 들어 밖을 향해 뻗는 손은 '멈추세요. 기다리세요'를 뜻합니다. 입술에 손가락을 대는 것은 '조용히'를 뜻하지요. 말이 비효과적이거나 불충분할 때 몸짓이 사용됩니다. 대화의 흐름을 조절할 때도 사용되는데, 예를 들어 머리의 끄덕임은 '전진', '계속하세요', '이해합니다'라는 의미로 전달되며, 찌푸린 얼굴이나 눈썹을 치켜올리는 것은 놀라움, 혼란한 상태를 뜻합니다. 특히 송신자가 머리를 끄덕일 때 수신자와의 관계에 친밀함이 커집니다.

몸짓은 또 무의식적이거나 잠재 의식적입니다. 개인이 진짜 감정이나 태도를 드러내는 것을 '무의식적 누설 행동leakage'이라고 부릅니다. 예를 들어 겉으로는 무섭지 않다고 말하며 양손을 꽉 쥐고 식은땀을 흘리는 경우, 사실 무서운 것을 몸짓으로 드러내는 것

관계와 소통을 위한 공감 연습

입니다. 긍정적인 몸짓에는 엄지손가락을 들어 올리는 것, 고개 숙여 인사하기, 윙크, 악수, 주먹 부딪히기, 손뼉 마주치기 등이 있습니다. 이런 몸짓은 허용과 격려, 감사, 우정의 신호이지요. 부정적인 몸짓에는 시계 들여다보기, 눈 굴리기, 발 두드리기, 손가락을 탁자에 두드리기 등이 있습니다. 이런 몸짓은 지루하고 초조하며 불안하다는 신호입니다. 몸짓의 사용은 비언어적 의사소통에서 가장 문화적인 특징을 드러냅니다.

개인은 모두 공간을 가지고 있습니다. 정체성과 안전, 통제의식을 제공하는 개인적인 공간이나 세력권을 가지고 있지요. 상대방이 그 공간을 함부로 침입할 때 불편감을 가질 수 있습니다. 불안하고 두려움이 몰려오기 때문이지요. 특히, 상담 환경에서는 적절한 검사와 치료를 받아야 하므로 이 공간을 포기하도록 강요받기도 합니다. 이런 경우 공간 상실을 이유로 일어나는 부정적인 감정을 줄일 수 있는 접근은 다음과 같습니다.

◆ 내담자를 정중하게 대하고 공간을 침입할 것이라는 사실을 미리 설명합니다.
◆ 가능한 한 내담자가 스스로 자신의 주변을 통제할 수 있도록 결정권을 주도록 하고, 스스로 할 수 있다면 하도록 합니다.
◆ 내담자의 사생활을 적극적으로 보호하고 지켜주며

혹시라도 부끄러울 수 있는 상황에 대해 타인이 보지 않도록 충분히 배려해 줍니다.

한편, 타인과 상호작용을 할 때 고려되는 네 개의 거리 공간이 있습니다.

◆ 친밀 거리(intimate distance): 46cm 이하의 거리 간격으로 개인이 서로 접촉할 수 있습니다. 상담사는 내담자를 검사하고 진료하기 위해 자주 이 구역으로 들어가야 합니다. 상담사가 이 구역에 들어가는 것은 치료에 관한 한 합법적입니다.

◆ 개인적 거리(personal distance): 46~122cm. 약 한쪽 팔의 거리로 부드럽거나 적당한 목소리로 사적 대화가 일어날 수 있는 거리입니다. 개인적 거리는 임상 절차를 설명하거나 내담자가 사적인 문제를 이야기하는 환경에서 흔히 사용됩니다.

◆ 사회적 거리(social distance): 122~366cm로 비즈니스나 사회적 환경에서 사용하는 거리입니다. 대부분 설명이나 안내를 할 수 있는 거리입니다.

◆ 공적 거리(public distance): 366cm 이상으로 큰 행사에서 사용되는 거리입니다. 강의, 세미나에서 주로 행하

는 거리입니다.

한편, 접촉은 비언어적인 메시지 중 가장 개인적인 상황에서 일어나는 것입니다. 접촉에 대한 반응과 적응은 송신자의 성별, 나이, 문화적 배경, 감정의 상태, 관계의 정도, 기대, 생각 등에 따라 영향을 받습니다. 때에 따라 적절한 접촉은 위로나 공감, 돌봄과 격려의 의미로 긍정적인 에너지를 주고받게 됩니다. 친밀감과 애정을 표현하는 수단이 될 수도 있습니다.

내담자를 돌보는 것은 어떤 형태든 접촉을 수반합니다. 접촉은 검사나 진단, 치료나 돌보는 행위에서 필수적으로 일어납니다. 접촉은 상담 현장에서 주요한 기능을 가집니다. 즉, 내담자의 고립감을 완화하고, 불안을 감소시키며, 보살핌과 공감, 진심을 드러내지요. 안심이나 온정, 위안을 제공하기도 하고 상담사와 내담자 간의 친밀한 관계rapport를 형성하고 강화하게도 합니다. 또한, 언어적 의사소통을 효과적으로 보완하기도 하지요. 다만, 접촉해야 하는 상황에 따라 올바른 판단을 하고 상식적이고 합리적인 경우, 상대방이 접촉을 허용하거나 필요하다고 인정될 때에 양심껏 행해야 합니다.

다음으로 표정 중에서 '웃음'이 주는 효과에 대해 알아봅시다. 사람은 누군가와 같이 있을 때 30배쯤 더 웃습니다. 웃을 수 있는 유머와 상황 때문에 웃기도 하지만, 서로를 연결하는 감정적 배경

내 생각과 감정 잘 전달하기

을 만들기 위해 웃는 경우도 많습니다. 웃음은 '사회적 표정'이라고 할 수 있습니다. 또한, 웃음은 뇌 활동으로 이뤄집니다. 뇌에 웃을 수 있는 회로가 갖춰져 있기 때문입니다. 웃음은 15개의 안면 근육을 동시에 수축시키고 몸속에 있는 650개의 근육 가운데 203개를 움직이는 최고의 뇌 운동입니다. 웃음의 실행단계는 뇌의 '웃음보'에서 맡고 있습니다. 1988년 3월 미국 캘리포니아 대학의 이차크 프리드Iszak Fried 박사는 고단위 단백질과 도파민으로 형성된 $4cm^2$크기의 웃음보를 발견했습니다. 이것은 변연계와 전두엽 사이에 있는 뇌에서 웃음을 유발하며 좋은 호르몬 21가지를 방출하는 효과를 나타낸다고 합니다. 이 웃음보를 자극하자 우습지 않은 상태인데도 웃음을 터트렸고, 또 웃음보가 뺨의 근육을 움직이며 즐거운 생각을 촉발해 웃음 동기를 부여했습니다. 또한, 변연계에 속한 시상하부의 가운데 부분은 크고 조절할 수 없이 터져 나오는 웃음을 만드는 데 중요한 역할을 했습니다. 웃음은 뇌 곳곳에서 벌어지는 종합작용이라고 할 수 있습니다. 웃으면 면역기능이 높아지고, 심장박동수가 2배로 늘어나며, 폐 속에 남아있던 나쁜 공기가 빨리 신선한 공기로 바뀝니다. 또한, 웃을 때는 암과 세균을 처리하는 NK세포, 감마 인터페론, T세포, B세포 등이 증가합니다. 스트레스는 면역체계를 무너뜨리지만, 편하고 밝은 마음은 면역체계를 강하게 합니다. 또한, 뱃속으로부터 뻗쳐오르는 웃음을 터트리게 되면 복식호흡이 일어나고 횡격막의 상하 운동이 늘어나 폐의 구석구석까지

관계와 소통을 위한 공감 연습

산소와 혈액이 공급됩니다. 그로 인해 얼굴과 다리 등의 근육을 빠짐없이 운동시킵니다. 배꼽 빠지게 웃는 웃음은 질병을 고치는 치료 수단이 됩니다.

웃음은 긍정적인 의미를 주는 것은 맞지만, 장소와 상황에 따라 다르게 해석할 수 있습니다. 자연스러운 감정의 흐름과 분위기를 수용하며 웃는 것이 바람직하겠습니다. 시시때때로 웃고만 있을 수는 없겠지만, 현대인들은 웃음에 인색하므로 웃음을 권장하는 것이 필요하겠습니다. 특히 우리나라 사람들은 타인과 대화할 때 잘 웃지 않는 특징이 있습니다. 웃음이 주는 긍정적인 인상에 대한 효과를 잘 받아들일 필요가 있습니다. 서양인들은 우리나라를 포함한 동양인들의 웃음을 모호하다는 식으로 받아들일 때가 많습니다. 해부학적인 이유 때문이지요. 웃을 때 관여하는 주요 얼굴 근육은 입둘레근, 광대뼈를 연결하는 큰 광대근, 입꼬리당김근, 입꼬리내림근입니다. 이런 근육의 접점은 '볼굴대'인데 볼굴대가 서구, 유럽인의 경우 입꼬리 선의 위쪽에 위치해서 상대적으로 쉽게 입술 꼬리를 올릴 수 있습니다. 한국인들의 볼굴대는 대부분 입꼬리 선 아래쪽에 위치해서 입꼬리가 처져 보이고 크게 활짝 웃는 표정을 짓기 어렵습니다. 그런 해부학적인 차이 외에도 문화적인 차이로 우리나라 사람들은 대부분 타인과 마주치면 잘 웃지 않지요. 이러한 특유의 버릇에서 벗어나서 유연하게 웃을 때 친절하다는 인상을 주게 될 것입니다.

폴 에크먼(Paul Ekman. 미국 임상심리학자. 1934~)은 얼굴 근육 42개를 조합 모두 19개 미소를 만들어 낼 수 있지만 딱 하나만 즐거워 웃는 것이고 나머지 18개는 가짜 미소임을 밝힌 바 있습니다. 미소를 지을 때 주로 광대뼈와 입술 가장자리를 연결하는 협골근, 입술 가장자리 구륜근이 움직이지만, 진짜 웃음은 눈 가장자리 근육인 안륜근을 사용한다는 것입니다. 안륜근은 의도적으로 움직이기 어려운 근육이므로 안륜근이 움직일 때 비로소 감정을 드러낸 웃음이라고 할 수 있다는 것이지요. 폴 에크먼은 이 사실을 처음 밝혀낸 19세기 프랑스의 심리학자 기욤 뒤셴Guillaume Duchenne을 기리기 위해 진짜 기쁨과 행복으로부터 우러난 미소를 '뒤셴 스마일Duchenne's Smile'이라고 이름 붙였습니다. 반대로 가짜 미소의 대명사로 '팬암 스마일'이라는 용어가 있습니다. 과거 미국의 팬암 항공사 승무원들이 지었던 전형적인 보여주기식의 인위적 미소를 빗댄 표현이지요. 한편, 하커Harker와 켈트너Keltner는 오클랜드 밀즈칼리지 졸업생 141명을 대상으로 30년간 추적 조사를 한 바가 있습니다. 졸업 사진을 분석해보니 50명의 졸업생은 환한 뒤셴 미소를 짓고 있었고, 나머지 91명은 카메라를 보며 그저 인위적인 미소를 지어 보였다는 사실에 착안하여 연구한 것이지요. 사진 주인공들이 각각 27세, 43세, 52세가 되는 해에 인터뷰하고, 그들 삶의 다양한 측면에 대한 자료를 수집해서 연구 결과를 발표했습니다. 뒤셴 미소를 지었던 집단 50명은 인위적 미소를 지었던 나머지 91명 집단과 비교하면 훨씬 더 건강했습니다. 병원에 간 횟수도 적었고 생존율도 높았습니다. 결혼 생활의 만족도 역시 비교가 안 될 정도로 높았고 이혼율도 낮았습니다. 평균 소득 역시 절대적으로 높았습니다.

웃음은 선택입니다. 즐거운 상황에 누군가는 웃고, 누군가는 대수롭지 않게 여길 수도 있습니다. 즐거운 순간을 만끽하는 것은 삶에 대한 만족을 높일 수 있는 절호의 기회입니다. 웃을 수 있다면, 인생을 버틸 힘도 있습니다. 아직 웃을 수 있다면, 멋진 기회는 올 수밖에 없습니다.

내 생각과 감정 잘 전달하기

# 이해와 사랑

## 건강한 가족으로 거듭나기

### 그림 〈푸른 침실〉

## 푸른 침실로 들어서며

푸른빛이 찰랑거리는 침실 한가운데 한 여자가 있습니다. 옆으로 비스듬히 누운 풍만한 모습입니다. 담배를 꼬나물고 있는 여자는 아마도 자유분방한 성격을 지닌 듯합니다. 그녀의 시선은 화면 안에 있지 않습니다. 화면의 밖 어딘가 문이 있을 만한 곳을 응시하고 있지요. 그녀는 분명 누군가를 기다리고 있는 듯합니다. 익숙한 발걸음 소리에 이어 문을 두드리는 소리가 들려오면 벌떡 일어날 태세입니다. 아마도 그를 만난다면, 그녀는 아무 말 없이 한참 동안 안고 있을 것 같습니다. 오래 기다려온 탓에 간절함을 담아서 오래도록 포옹한 팔을 풀지 않을 것입니다.

관계와 소통을 위한 공감 연습

# 푸른 침실 이야기

〈푸른 침실〉은 수잔 발라동(Suzanne Valadon: Marie-Clementine Valadon, 프랑스 화가. 1867~1938)의 대표작입니다.

수잔 발라동은 프랑스 중부 리무쟁의 오트비엔에서 출생했습니다. 가난한 세탁부의 사생아로 태어난 수잔은 6살 때부터 어머니의 세탁 일을 도왔습니다. 11살 때까지 학교에 다녔으나 그 이후 모자 제조가게, 화환 공장, 야채 시장, 식당 일을 하면서 스스로 생계를 해결했습니다. 그러다가 15세 때는 서커스단의 곡예사로 활동하다가 공중그네에서 떨어져 상처를 입고 맙니다. 그 이후 모델로 일하는 친구의 소개를 받고 십여 년 동안 화가의 모델이 됩니다.

르누아르Renoir, 로트렉Lautrec, 드가Degas등 인상주의 화가들의 그림 속 주인공이 되어 그림과 인연을 맺게 됩니다. 그러다가 수잔은 18세에 아들, 위트릴로를 낳습니다. 그녀 자신이 사생아이듯 자기 아들도 사생아가 된 것입니다.

수잔은 모델로 일하면서 틈틈이 그림을 익히다가 아들이 태어나자 본격적으로 그림을 그리기 시작합니다. 그녀의 재능은 로트렉에 의해 발견되지만, 정식 미술교육 대신 독학하면서 그림을 익혔습니다. 주로 인물과 정물화를 그리거나 자신의 누드를 많이 그렸습니다. 그녀의 그림이 알려지던 어느 날, 그녀는 에릭 사티(Erik Satie, 프랑스의 작곡가. 1866~1925)를 만나 사랑하면서 그의 뮤즈가 됩니다. 이후 수잔은 1896년, 31세 때 은행가 폴 뮤지스Paul Moussis와 결혼하고, 13년 후인 1909년에는 이혼하고 맙니다. 아들 위트릴로의 친구인 화가 지망생 앙드레 위터(Andre Utter, 1886~1948)와 연인 사이로 지내다가 1914년에 위터와 결혼하게 됩니다. 그리고 1923년에는 그녀의 대표작 〈푸른 침실〉을 그립니다. 생의 마지막 즈음에는 위터와도 이혼하고, 삶을 마감합니다.

수잔 발라동의 아들 위트릴로(Maurice Utrillo. 프랑스 화가. 1883~1955)는 자신의 아버지가 누군지도 모르고 살았습니다. 1891년이 되어서야 어머니와 알고 지내던 스페인 출신의 화가이자 평론가인 미겔 위트릴로의 호의로 그의 양자로 입적되면서 '위트릴로'라는 성을 얻게 됩니다. 그렇지만 미겔도 그의 친부는 아니었습니다. 어릴 때부터 바깥 생활로 생계를 꾸려야 했던 어머니 대신 외할머니가 돌봐주었지요. 어머니 수잔이 에릭 사티와 동거할 때는 에릭 사티를 저주하며 그가 좋아하던 개를 죽여 상자에 담아 그의 집 앞에 두었다고도 합니다. 열 살 때부터 술을 마시기 시작했고, 십 대 때부터 알코올 중독으로 정신병원을 드나들면서 지냈습니다. 1901년 즈음, 병원에서 그림 그리기를 처방받았고, 수잔도 본격적으로 아들에게 그림 수업을 시작하게 됩니다. 그때부터 시작해서 몽마르트르 언덕의 골목이나 거리 풍경을 담은 그림을 주로 그려왔으며, 그림 실력은 점

관계와 소통을 위한 공감 연습

점 더 뛰어나게 되었습니다. 그가 1907년부터 1915년까지 그린 그림들을 '백색의 시대'라고 부릅니다. 위트릴로는 그가 생활했던 몽마르트르의 건물이나 골목들이 가진 역사를 화폭에 담으려 노력했습니다. 1913년 위트릴로는 파리의 브로화랑에서 첫 개인전을 열어 호평받았고 1921년에는 어머니 수잔 발라동과 2인전을 열어 대성공을 거두게 됩니다. 1915년을 지나면서 백색의 시대에서 다채색의 시대로 넘어가 광채가 나는 그림을 그렸는데, 특히 녹색을 강조하는 그림을 많이 그렸습니다. 그리고 화상 폴 페트리데스와 계약하여 그림을 제작하였지요. 화상의 요구에 따라 비슷한 그림을 남발하는 경향을 보였다고 하며, 그가 생전에 그린 그림은 약 3,500여 점에 이른다고 합니다. 1928년 프랑스 정부로부터 그간의 예술적 업적을 치하하는 레지옹 도뇌르 훈장을 받기도 합니다. 1935년에는 그림 애호가인 벨기에 출신의 신앙심 깊은 뤼시 발로르와 결혼합니다. 그 이후 교회와 집을 오가면서 경건한 신앙생활을 했고, 마침내 금주하게 됩니다. 72살까지 살다가 폐충혈로 사망했으며, 그가 태어난 몽마르트르의 묘지에 묻혔습니다.

위트릴로는 작품의 서명에서 모리스 위트릴로라고 쓴 뒤에는 어머니 이름인 발라동을 뜻하는 "V"자를 서명 끝에 덧붙이곤 했습니다. 어머니를 사랑하는 만큼 미워하고, 원망했을 것입니다. 스스로 헤어 나오지 못하는 혼란 가운데에서 어머니를 불쌍하게도 여기는 한편, 충분히 받지 못한 사랑을 갈구했을 것입니다.

이해와 사랑

푸른 침실 속에 자신을 그려놓고, 아마도 수잔 발라동은 그의 아들 위트릴로를 이렇게 오랫동안 기다리고 있었다는 사실을 비로소 깨달았을지도 모릅니다. 늘 넘어지고 다쳐서 여기저기 피가 맺히고 멍이 들면서도, 어렵지만 한 걸음씩 내딛어가면서 위트릴로가 걸어오고 있다는 사실도 알았을 것입니다. 〈푸른 침실〉로 가는 길은 화해와 용서의 길이고, 잿빛 구름 너머에 있는 하늘빛을 닮은 길이었습니다. 그것은 내면에 변함없이 존재하는 빛으로 가는 길이었습니다. 모든 것이 고요한 때, 어둠을 직면하게 되는 때, 어둠과 싸우기를 그치고 다만 끌어안음으로 어둠을 녹이게 되는 그 어느 때에 이르러서 위트릴로는 푸른 침실의 문을 두드리게 되었습니다.

## 길 위에서

코댕의 골목(모리스 위트릴로Maurice Utrillo의 그림)


비스듬히 아침이 와요
바람의 발목을 잡고 흔드는
골목에 안개가 파닥거려요

관계와 소통을 위한 공감 연습

좁고 가파른 계단은 숨차게 나를 넘기지요

물지게를 지고 가면서

계단에 철철철 물을 흘려요

긴 치마를 감싸 쥐고 올라가면서

고개를 숙이는 몇몇 여자들을 만나지요

때 이른 서리가 내렸어요

모퉁이에 가까스로 달린 꽃잎 위에도

여지없이 서리가 뾰족거려요

철철철 나는 아직 물을 흘리고 있지요

절반도 남지 않은 물을 살리려고

안, 간, 힘을 쓰고 있지만요

간밤에 압셍트를 마시고 잠든 엄마

얼룩지고 부은 얼굴을 씻길

물을 길어가는 중이에요

계단은 나를 넘기느라 바쁘고

서리가 깔린 계단은 미끄럽고

절반쯤 올라온 곳에서

철철철,

또 물이 엎질러져요

시아

이해와 사랑

# 감상을 위한 글: 어린 위트릴로의 말

푸르스름한 새벽입니다. 밤이 발목을 거두기 전부터 코맹의 골목을 걸었습니다. 어둑하고 좁은 길을 따라가다가 울컥, 숨 한 번으로 울음을 숨기는 달을 만납니다. 막다른 곳에서 위로 곧게 뻗은 계단이 있습니다. 계단 아래 참에 서서 한참 동안 위를 올려다보았습니다. 오랫동안 숙였던 고개를 쳐드는 순간, 내 목덜미를 움켜잡고 있던 어둠이 스르르 흘러내립니다. 총총, 층층 놓인 계단마다 밤이 얼굴을 문지르고 있습니다. 모든 문은 굳게 자물쇠가 걸려있고, 우두커니 서 있는 가로등마저 눈을 감고 있습니다. 소란스러운 고요, 시끄러운 침묵 속에서 나는 걸음을 멈추고 층계를 올려다보고만 있습니다. 사위는 짙은 암흑이지만, 나는 텅 빈 눈동자 안에 하얀 색깔을 담아 둡니다. 어두울수록 내 목소리는 하얗게 기울어지고 있습니다. 그것은 막연한 어느 날의 너무나 뚜렷한 노랫소리 같습니다. 희미한 어느 한때의 선연한 음률과도 같습니다. 아무도 없는 공간, 돌볼 틈이 없는 발걸음, 만신창이가 된 신발 속 부르튼 발, 가래톳이 선 영혼에서 핏발이 툭툭 불거져 나오곤 했습니다. 내 발걸음이 어디로, 어느 곳으로 향해 있던 어둠이 나를 가만두지 않았습니다. 때를 노려 달아나다가 어느새 덜미가 잡혀 잘 차린 암흑을 한 상 받아서 어둠을 파먹어야 했습니다. 그런 어렴풋한 시간 속

관계와 소통을 위한 공감 연습

에서 문득, 두유마을의 교회 종소리가 울려왔습니다. 종소리가 들려올 때마다 어김없이 숙였던 고개를 들어 하늘을 보곤 했습니다. 어쩌면 어둠 깊숙한 안쪽, 찬연한 본래의 하늘이 늘, 그대로의 모습으로 있을 것 같아서였습니다. 하지만 그것도 잠시였고, 나는 익숙해진 어둠을 따라 살아왔습니다. 그러던 나날 속에, 무엇이 나를 여기까지 오게 했을까요. 이제, 달아날 곳도 벗어나고 싶은 마음도 없이, 마치 유일한 위로인 양 호주머니 안에 가득 들어찬 어둠을 만지작거리며 걷고 있을 뿐입니다. 이곳은 어둠이 잉태되고 동시에 소멸하는 곳. 모든 선택이 충실한 몫을 다하는 곳. 거추장스러운 옷을 벗고 알몸으로 호흡하는 곳.

걸음을 떼고, 계단을 올라가기까지 아주 오랜 시간이 걸렸습니다. 골목 귀퉁이, 검은 담벼락에 등을 기댄 채 웅크리고 있었습니다. 스멀스멀 찬 기운이 뼈마디를 훑어갔습니다. 망설이던 내 걸음을 옮기게 한 것은, 놀랍게도 어둠이었습니다. 나타나고 사라지는 모든 어둠이 내는 종소리. 이제껏 단 한 번도 어둠은 나를 낚아채지 않았음을 비로소 알게 되었습니다. 어둠이 나를 부른 게 아니라, 내가 어둠을 불러들였다는 기막힌 사실을 알게 된 것이었습니다. 고인 물이 탁, 터져나가듯 나는 계단 위로 한 걸음을 내디뎠습니다. 앞으로 살아갈 시간만큼, 딱 그만큼 놓인 계단은 열렬하지 않았습니다. 오히려 나를 약간 밀어내는 듯도 했습니다. 깨달음의 순간에 만나는 폭포수가 내 안을 울리고 있었지만, 계단을 내딛는

이해와 사랑

것은 여전히 용기가 필요했습니다. 이제까지 걸어왔던 평지 쪽으로 내려서는 게 맞지 않냐고 굳은살이 밴 발이 의문을 터뜨리기도 했습니다. 계단을 하나, 하나 올라설 때마다 장딴지가 아파지곤 했습니다. 계속, 이 길을 가야만 하는 것이냐는 물음이 굳게 다문 입술을 달싹거리게 만들기도 했습니다. 그럴 즈음 잠시 걸음을 멈추고 계단 위를 올려다보았습니다. 이제는 확연하게 어둠이 가신 곳에서 계단의 끝은 하늘과 만나고 있었습니다. 맨 마지막 계단에서 아른거리는 것은 분명 푸른 침실의 문이었습니다. 구태여 설명하지 않아도 차올라 오르는 화해의 기쁨이 물결처럼 내 안으로 흘러들어오고 있었습니다.

아직, 아슴푸레한 새벽입니다. 계단을 오를수록 걸음은 곡진(정성이 가득하다)해집니다. 차곡차곡 올라가는 동안, 슬며시 가슴 안에 푸른 달이 떠오르고 있습니다. 억지로 삼키지 않아도 되는 울음을 토해내면서 얼굴이 개운해집니다. 한 계단을 오르느라 걸음을 떼는 순간, 두유마을의 종소리가 이제 막, 울려 퍼집니다. 일순, 시간은 하얀 옷으로 갈아입고 있습니다.


〈코댕의 골목〉에서 보이지 않지만, 선명하게 느껴지는 열 살 소년을 만날 수 있습니다. 새벽까지 술을 마시고 탁자 위에 널브러져 자는 엄마를 씻겨줄 물을 긷고는 골목의 계단을 올라가는 중입니다. 계단은 너무나 많고, 물은 자꾸 엎질러집니다. 마지막 계단을

관계와 소통을 위한 공감 연습

오르고 나서 보면, 물은 반 넘게 없어져 버린 상태입니다. 어린 위트릴로와 젊디젊은 엄마. 위트릴로는 엄마를 사랑한 만큼 미워했습니다. 그 갈등이 계속 술을 마시게 했던 것이지요. 우울과 고독이 늘 달라붙어 있던 엄마와 아들. 채워도 해소되지 않는 갈증. 오랜 시간 동안 낙인처럼 붙어 다니던 알코올 중독.

혈연관계에서 빚어지는 갈등은 그 골이 깊고 치명적입니다. 그런 갈등은 자신의 존재 가치와 정체성마저 상실하게 합니다. 해결하려는 적극적인 노력이 없다면, 갈등은 트라우마가 되어 자리 잡게 되고 말지요. 인간관계 중에서 가장 핵심을 이루면서 중요한 인간관계가 바로 가족관계입니다. 치명적인 상실을 경험하기도 하지만, 그것을 극복해낼 때 놀라운 역동을 일으키게 됩니다. 즉, 가족 구성원들이 서로를 이끌어주는 엄청난 힘을 가지게 되지요. 다른 인간관계보다 제일 먼저 부모, 자식, 형제와 자매 같은, 가족들끼리 소통되어야 합니다. 가족의 가장 아름다운 역할은 서로를 아껴주고, 용서해주며 이해해주고 사랑해주는 것입니다. 자신이 마음대로 휘두르는 것이 가족이 아니라, 자신을 온전히 내려놓고 그 안에 가족을 담는 것입니다. 그것은 서로 크든 작든 트라우마를 경험했던 과거의 일에 대한 사과를 뜻합니다. 서로가 서로에게 행하는 용서를 뜻하기도 합니다. 김종삼 시인의 〈어부〉라는 시에서 나오는 구절로 얘기하자면, '가족들끼리 살아온 기적들이 앞으로 살아나갈 기적'이 될 수 있습니다.

이해와 사랑

◆ 가장 친밀하고, 중요한 인간관계가 바로 가족끼리의 관계라고 할 수 있습니다. 그렇지만 가족끼리의 인간관계를 도외시하고, 포기하는 경우가 많습니다. 생애 대부분을 어머니에 대한 양가감정(미움과 사랑이 똑같이 존재하는)과 함께 삶의 바닥까지 치달았던 위트릴로와 그의 어머니 수잔 발라동의 작품과 일화를 통해 용서와 화해를 포착하고 이를 통해 가족 간의 건강한 관계를 새롭게 재정립할 수 있습니다.

관계와 소통을 위한 공감 연습

# 마음의 문

## 마음속 긍정의 문 열기

### 시 〈문〉

## 문과 문 사이

### 문 이야기 – 하나

문

내 마음속에는
닫힌 문짝을 열고자 하는 손과
열린 문짝을 닫고자 하는 손이
함께 살았다

닫히면서 열리고
열리면서 닫히는 문살을
힘껏 잡고 있으려니

눈물겨워라
눈물겨워라

안수환[9]

시인이 노래한 마음속에 있는 문을 한번 봅시다. 문은 닫히려고
한 적이 있었을 것 같습니다. 문이 저절로 닫히려고 했을 때가 언제
였을까요? 우리는 모두 매몰차게 닫히려는 문의 차가운 낌새를 알
아차릴 수 있습니다. 마음에 거슬리는 누군가의 말 때문에, 혹은
가고 싶지 않은 곳이 있을 때, 그 상황을 피하고 싶은데 그러지 않
을 때, 만나고 싶지 않은 누군가를 꼭 만나야 할 때, 어쩔 수 없는
일을 맞닥뜨리게 될 때가 바로 내면의 문이 닫히려는 찰나임을 알

9 안수환. 1942년 충남 천안에서 출생. 연세대 신학과를 졸업한 후 고려대 대학원을 거쳐 명지
대에서 문학박사 학위를 받았다. 《시문학》과 《문학과지성》에 시를 발표하면서 시단에 데뷔했고
시집으로는 《神들의 옷》, 《징조》, 《검불꽃 길을 붙들고》, 《저 들꽃들이 되어 있는》, 《달빛보다 먼
저》, 《충만한 시간》, 《가야 할 곳》을 냈으며, 시론집 《시와 실재》, 《상황과 구원》 등이 있다.

관계와 소통을 위한 공감 연습

수 있습니다. 그 순간을 알아차림과 동시에 문고리를 잡고 맙니다. 아예 문을 닫다가는 아무 일도 할 수 없음을 알기 때문이지요. 만나고 싶은 사람만 만나거나 하고 싶은 일만 할 수 없다는 것도 압니다. 그러는 동안 문고리를 잡는 손에 힘이 주어지고, 저절로 닫히려는 기세는 등등해져서 숨 막히는 밀고 당김이 계속되기도 합니다. 닫히는 문을 열려는 사투가 지배하는 동안 억압이 점점 거세어집니다. 겉으로는 아무렇지도 않은 척 웃고 있지만, 속으로는 긴장이 팽팽해지지요. 아무도 모르게 일어나는 마음의 작용입니다. 닫히려는 힘이 거셀수록 문고리를 잡아당기는 손아귀의 힘이 더욱 세집니다. 그것은 내면의 힘으로 인한 작용이 아니라 무의식을 현실에 맞게 뜯어고치려는 부자연스러운 의식의 작용입니다. 문이 닫히려는 순간은 느닷없이 일어날 수도 있고, 어떤 특정한 일이 반복해서 떠오르는 동안 여지없이 일어날 수도 있습니다. 대개는 어떤 일이 일어남과 동시에 가졌던 불쾌하거나 고통스러운 감정의 순간이 있었고, 그러한 내면의 트라우마가 불현듯 작용해서 일어나기 마련이지요. 이미 겪었던 트라우마 상황과 비슷하거나 관련 있는 상황이라고 여겨질 때 자신도 모르게 문이 닫히려는 것입니다. 한동안 닫아놓고 있어도 된다면, 그냥 문고리를 잡지 않고 놓아두어도 될 것이지만요.

사회생활이란 그렇게 만만치 않습니다. 보기 싫어도 봐야 하고, 가기 싫어도 가야 하는 것이 사회이고 조직입니다. 어딘가에

소속되어 있다면, 그 단체의 구성원들 모두가 한마음 한뜻인 경우는 거의 없습니다. 대의의 명분이나 목적을 위해서 하나가 되어 뭉칠 수는 있지만, 인간관계나 의사소통에 아무런 갈등의 구조 없이 하나로 이어지는 것은 드물기 마련입니다. 서로 다른 의견이 있고, 목적을 이행하기 위해서 각자의 의견이나 관점이 다를 수 있습니다. 저마다 경험했던 바가 다르고 가치관이 다르기 때문입니다. 조직원으로서 혹은 명분에 따라 같이 행동해야 한다면, 그런 차이에도 불구하고 함께 움직여야 합니다. 그렇게 닫힌 문을 억지를 써서라도 열게 해야 하는 것이 과업처럼 주어지기도 합니다. 다른 한편, 열린 문짝을 닫으려고 하는 것은 어떤 일 때문일까요? 그것은 앞의 닫히는 문짝을 열려고 하는 것과 전혀 반대되는 개념으로 보입니다. 하지만 의미와 맥락은 비슷합니다. 마음이 가는 대로 자연스럽게 행할 수 없다는 것을 표상하고 있습니다. 우리는 누구에게 마음이 쏠리게 되는 경우가 있습니다. 그 사람을 가까이하고 싶거나 좀 더 알고 싶은 호기심이 일어날 때가 있지요. 그런 솔직한 마음이 때로는 위험할 수 있다는 것을 압니다. 친근한 관계를 유지하고 싶은 마음을 한마디로 거절당하게 될 수 있지 않을까 생각해서 미리 방어벽을 치듯 문을 닫으려고 애쓸 때도 있지요. 혹은 타인의 시선이나 체면의 손상, 기타 여러 이유로 인해 스스로 경각심을 가진 채 닫으려고 합니다. 이 또한, 앞의 '부자연스러움'과 맥락이 통하기 마련입니다.

관계와 소통을 위한 공감 연습

닫히려고 하는 문을 열려고 안간힘을 쓰는 것, 열리려고 하는 문을 닫으려고 애쓰는 것은 모두 '억압'입니다. 억압은 결국 자신을 옭아매게 하지요. 자신을 옥죄는 것은 삶을 답답하게 하고 스트레스를 가중하게 합니다. 억압은 용수철을 억누르는 것과 같습니다. 억압이 과부하 되어 견딜 수 없어서 누르던 용수철을 떼면 어디로 튈지 모르고 무작정 튀어 오르게 됩니다. 억압을 많이 하면 할수록 자신을 위험한 지경에 빠뜨리고 마는 셈이지요. 어떻게 하면 인간관계와 의사소통에서 '억압'을 덜할 수 있을까요?

자연스러운 바람처럼 닫히고 열리려는 문을 바라보는 것이 중요합니다. 대개 무조건 일정한 간격을 두고 문이 있어야 한다고 생각하기 쉽지요. 그 간격에서 닫히려고 하거나 더 많이 열리려고 하는 걸 못 견뎌 하면서 막지요. 어느 정도는 닫힐 수 있고, 또 때로는 더 많이 활짝 열릴 수 있다는 것을 허용해야 합니다. 인간관계 속에서 때로는 문을 닫고 싶고 때로는 열고 싶을 때가 있다는 것을 스스로 인정하고 수용해야 합니다. 다만, 조직 사회 속에서 닫힌 문을 억지로 열어야 할 때가 분명 존재합니다. 혹은 연 문을 닫아야 할 때도 있습니다. 그럴 때, 그런 자신을 알아차리고 현재 가지고 있는 마음을 인식하면서 상황에 맞게 연기할 수밖에 없는 자신을 발견하게 되지요. 어쩌면 인간은 각자가 주어진 연극 무대에 올라가 열연하는 연기자인지도 모릅니다.

마음의 문

그렇더라도 이러한 자각은 강한 압력을 어느 정도 완화 시키고 완충 역할을 할 수 있습니다. 못마땅한 상황이라고 하더라도 이미 주어진 것에 대해 자신의 영혼을 성장시키고 다듬을 수 있는 배움의 장이라고 수용하는 것이 중요하겠습니다. 마음에 들지 않는 사람이라고 하더라도 그 사람으로 인해 자신의 영혼이 한결 더 성장하고 갈고 닦는 경험이 될 수 있다고 여기는 것도 필요합니다. 피상적인 생각이 아니라 성찰과 통찰이 이뤄질 때 현실의 어려움을 슬기롭게 극복할 수 있습니다. 닫히거나 열리려는 힘이 점점 약해져서 마침내 손아귀의 힘을 빼도 되는 순간이 온다면, 그것은 내면이 성숙해졌다는 증거입니다.

누군가 상처를 입게 하더라도 혹은 누군가에게 실수로 상처를 가하는 순간이 오더라도 그것을 원망하거나 자책하지 않는 경지는 사실, 굉장히 어렵습니다. 하지만 그런 마음의 작용을 참고 견뎌야 한다는 것도 우리는 이미 잘 알고 있습니다. 원망이나 후회, 자책하지 않아도 되는 자유로운 순간은 쉽게 경험할 수 없습니다. 그렇더라도 나이가 들수록 현명해지는 것, 순리에 따르는 수용적인 삶의 태도는 바로 익숙한 억압을 조금씩 내려놓게 하는 탁월한 효과가 있습니다.

문 이야기 - 둘

관계와 소통을 위한 공감 연습

문


광기의 입술에 매달려 살아왔다
까닭을 알고 싶어서
문을 두드렸다. 문이 열리자
나는 안에서 두드리고 있었다


메블라나 젤랄레딘 루미[10]


    광기는 미친 기운입니다. 무엇에 미쳤을까요? 미친 입술에 나오는 말들은 정상일 리가 없습니다. 무질서하고 비합리적이고 비이성적인 여러 말들이 튀어나오는 것을 상상해볼까요? 실수하지 않고 사는 사람은 없습니다. 특히 말실수는 자주 하는 실수이지요. 혹은

---

10 메블라나 젤랄레딘 루미(Jalal ud-din Muhammad Romi, 1207~1273). 아프가니스탄 발흐 출생. 페르시아 문학의 신비파를 대표한다. 1244년에 샴스 우딘한테 사사 받았다. 시작詩作을 하는 한편 신비주의 추구에 몰두하였다. 스승인 샴스 우딘을 기리기 위해 베블레비데르비시교단을 창설하기도 했다. 이란의 시인으로 페르시아 문학의 신비파를 대표한다. 서정시집인 《타브리즈의 태양시집》, 700여 가지 이야기를 중심으로 수피즘(Sufism:금욕, 신비주의적 경향이 있는 회교 일파)의 교의·역사·전통을 노래한 대서사시 《정신적인 마트나비》는 '신비주의의 바이블'로 불린다.

마음의 문

실수라고 전혀 여기지 않았는데도 누군가가 그 말에 걸려 넘어져서 다치기도 합니다. 정신이 올바르고 반듯하다고 생각하지만, 그렇지 않을 때도 있습니다. 해야 할 말과 하지 말았어야 할 말에 대한 정확한 지각과 인식의 능력을 발휘할 수 없는 순간이 있기 때문입니다. 광기의 입술은 이성의 작용을 위배합니다. 무의식적으로 튀어나오는 말들이 많을수록 정신적이나 정서적인 문제 상황에 노출된 것이라고 할 수 있겠지요. 그런 것이 아니고서라도 누구나 뱉어내야 할 말과 아닌 말을 잘 분별해서 행하지 못할 때도 많습니다. 지나친 억압이 이어지다가 별안간 나도 모르게 어떤 광기의 말이 튀어나올 수 있지요.

그런데 그 입술에 매달리다니! 그렇게 매달려서 살아왔다니! 우리는 누군가의 말에 자신도 잘 모르게 이끌려서 살아가기도 하고, 자기 자신의 말에 스스로가 이끌려 살아가기도 합니다. 누군가의 말에 의해 화가 나기도 하고 그 화에 끌려다니기도 합니다. 혹은 스스로 뱉은 말 때문에 그 말대로 하기 위해 억지를 부리기도 하지요. 그런 말들이 이성적이고 차분한 질서를 지니고 있으면 좋겠지만, 그러지 못할 때 매달리거나 끌려다니게 됩니다. 말 그대로 광기에 점령당하고 마는 것이지요. 이성적으로는 아니라고 판단할 때조차도 실제로 맴도는 것은 광기의 작용일 경우가 많습니다. 그것은 오래된 습성과도 연관됩니다. 혹은 그렇게 매달려서 사는 것도 모르면서 살아가는 경우도 흔합니다. 사실, '광기의 입술에 매달려 살

I70

관계와 소통을 위한 공감 연습

아왔다는 고백은 경건하기까지 합니다. 대부분은 그렇게 살고 있는데도 불구하고 자신이 그런 삶을 살고 있다는 것을 알아차리지 못합니다. 광기는 집요합니다. 함부로 떨쳐버릴 수 없을 때가 많지요. 찰싹 달라붙은 광기를 전혀 인식하지 못하고 그저 끌려다니면서 살아가곤 합니다. 끔찍한 운명입니다. 그 사실을 자각한다는 것은 깨어있다는 것입니다. 즉, 자각하는 자만이 광기를 제대로 깨달을 수 있습니다. 그럴 때, 미망에서 벗어나야겠다는 생각이 떠오를 수 있습니다. 미망은 사리에 어두워 갈피를 잡지 못하고 헤매는 것을 말합니다. 자신이 헤매고 있다는 사실을 깨닫는 것은 사실 고통스럽기도 합니다. 미망을 알아차리지 못하는 이유는 그 직면의 고통을 회피하고 싶어서입니다. 누군가 삶의 의미를 물어보면, 일관되게 모른다고 답하기도 합니다. 자기 삶에 대해 들여다보는 것을 절대 하지 않으려고 합니다. 주어졌으니까 살고, 끝날 때는 사라진다는 정도로만 받아들입니다. 더는 깊숙이 생각하는 것은 골치 아프고 따분한 일이며 자신과 관련 없다고 치부해버리기도 합니다. 그러는 동안 삶의 여러 고비가 다가오고, 극복이 필요한 순간들이 오게 되지요. 극심한 고통의 순간이 되어서야 겨우 생각해볼 수도 있습니다. 도대체 나는 왜 이렇게 매달려서 살아왔던 걸까? 이런 성찰의 순간은 축복의 순간입니다. 대부분은 고통을 피하거나 그저 넘어가기를 기다리곤 합니다. 하지만 아픔을 겪지 않고서는 성장할 수 없습니다. 자명한 이치입니다.

그러므로 광기의 입술에 매달려 살아왔다는 고백은 진솔한 울림을 줍니다. 단 한 번도 그러지 않았다고 한다면, 어처구니없을 만큼 자기 자신을 속이고 부인하는 것입니다. 오히려 자신이 그러했다고 인정하게 되면, 거기에서부터 한 걸음 나갈 수 있습니다. 한편, 그렇게 미친 기운에 매달려 살아온 까닭을 알고 싶어서 문을 두드리는 행위는 적극적인 해결을 의미합니다. 여기에서도 '문'이란 바로 마음의 문, 인식의 문을 뜻합니다. 자기 자신한테 있는 닫힌 문을 두드리는 적극적인 자세는 먼저 이렇게 시작합니다.

자기 자신한테 문이 있다는 것을 인식하는 단계입니다. 그다음, 문이 닫혀있다는 것을 인식하는 단계입니다. 동시에 닫힌 문이 열릴 수 있다는 가능성을 염두에 둘 수도 있습니다. 문의 속성은 열린다는 데에 있기 때문입니다. 문은 벽과 다르지요. 비록 지금은 닫혀있다고 하더라도 열릴 수 있는 것이 문입니다. 바로 지금의 상황만으로 모든 것을 섣불리 짐작하지 않고, 문이 열릴 수 있다는 희망으로 두드리는 것이 다음 단계입니다. 두드리는 행위를 멈추지 않고 계속하는 것은 구도의 자세입니다. 살아가는 것은 자신의 신화를 완성해가는 구도자의 길이라고 할 수 있습니다. 문을 두드리는 행위는 쉽지 않습니다. 오히려 닫힌 문 앞에서 돌아서서 가버리거나 멈춰 버리는 경우가 많지요. 문을 두드리는 것은 자기 자신을 자극하며 생각과 인식을 끌어내는 작업입니다. 자기 자신이 무르익을 수 있는 시간을 인내심을 갖고 기다려 주는 겁니다.

이윽고 문이 열리면, 놀랄만한 일이 벌어지고 맙니다. 문이 열리는 순간 문은 밖에서 안으로 들어오는 문이 아니라 내가 이미 닫고 들어가 있었던 문인 것을 알게 됩니다. 나도 모르는 사이에 스스로 닫아걸었던 문, 내가 문 안을 견고하게 닫고 스스로 두드리고 있었다는 새로운 사실을 깨닫게 됩니다. 그러면 누가 열어주었을까요? 내가 스스로 닫은 문이었다는 사실을 전혀 깨닫지 못하고 문을 두드리는 동안, 도대체 누가 문을 열어주었는지를 깊이 생각해보면 답이 나옵니다. 시간이 숙성되는 동안, 나는 두드리면서 동시에 문을 열고 있었던 겁니다. 그리고 또 하나, 나도 모르는 어떤 커다란 존재, 그 존재의 힘이 문을 열게 해주었던 겁니다. 결국 문이 열리는 순간은 줄탁의 순간과도 같습니다.

줄탁은 병아리가 알에서 나오기 위해서는 새끼와 어미 닭이 안팎에서 서로 쪼아야 한다는 의미입니다. 구도자의 자세처럼 내가 내 안에서 행하는 문을 두드리는 행위로 말미암아 결국 큰 존재(신이나 우주의 에너지)가 함께 작용해서 문이 열리게 되는 것을 말합니다. 성경 구절에 있는 '두드려라, 그러면 열릴 것이다'라는 말이나 '하늘은 스스로 돕는 자를 돕는다'라는 말과 일맥상통합니다.

마음의 문

# 문과 문 사이

삶은 문과 문 사이에 존재합니다. 문은 열리기도 하고 닫히기도 하지요. 억압이 전혀 가해지지 않는 삶이란 없습니다. 모든 삶 속에는 긴장과 억제, 억압과 통제가 뒤따르기 마련입니다. 닫히려는 문을 열려고 할 때, 열리려는 문을 닫으려고 할, 눈물겨울 때가 있기 마련입니다. 광기의 입술에 매달려 살다가 문을 두드릴 때도 있습니다. 앞서 안수환의 '문'이 삶에 대한 진솔한 고백이고 안쓰러움에 대한 시라면, 루미의 '문'은 참회로 시작해서 깨달음까지 연결된 시입니다. 즉, 무언가에 매달려 미친 듯이 살아오다가 문을 두드려 열어보니 내가 내 속에 갇혀있었다는 사실을 깨닫게 되었다는 자각의 체험을 노래하고 있습니다. 우리의 삶은 이 두 편의 시처럼 고백과 참회, 그리고 깨달음으로 연결되어 있지요. 문과 문 사이에서 방황할 때도 있지만, 한쪽 문을 열고 다른 쪽 문으로 나갈 때도 있습니다. 그것이 바로 성장하는 순간입니다.

인간관계에서 오는 모든 갈등도 그러합니다. 갈등의 상황에서는 의사소통이 잘되지 않습니다. 서로의 신뢰가 금이 간 상황이라면, 더욱 그렇습니다. 소통이 잘되지 않는다면, 함께 해나가는 일들 속에서도 균열이 갈 수밖에 없지요. 악화된 관계와 불통의 순간들을

관계와 소통을 위한 공감 연습

회피할 수 없다면, 그 상태로 내버려 두는 것은 위험합니다. 열역학 제2 법칙인 엔트로피 법칙은 내면의 상태에도 그대로 적용됩니다. 그냥 내버려 두어서는 혼란과 무질서가 팽배해집니다. 의사소통이 더는 필요 없는 상황, 두 번 다시 상대를 만날 필요가 없다고 하더라도 불통이 주는 부정성은 내면에 여전히 남아있습니다. 즉, 만나지 않는다고 해도 감정적인 대립, 갈등이나 트라우마는 해소되지 않고 고스란히 내면에 있는 것이지요. 그러다가 그 이후 비슷한 상황을 겪었을 때 자신도 모르게 가중해서 튀어나와 버릴 수 있습니다. 혹은 그때 그 상황을 떠올리기만 해도 예전에 앓았던 감정이 솟구쳐 나와 자신을 괴롭히기도 합니다. 해결책은 바로 내면의 억압을 풀어주는 데 있습니다. 억압을 푸는 것은 자신의 감정 상태를 스스로 알아차리는 것에서부터 시작합니다. 더 나아가 그 상황에 처했던 대상과 연결된 자신을 큰 깨달음과 배움의 기회라고 여길 수 있다면 자기도 모르게 치고 있던 장막을 걷게 될 겁니다. 무엇에 대한 깨달음이고 배움일까요? 그것은 너무나도 명확합니다. 바로 영혼의 성장입니다. 그리고 모든 것은 알지 못하는 가운데 큰 섭리 하에 이뤄지는 것이므로 결국 잘되는 쪽으로 가고 있는 것입니다. 내려놓고, 놓여나는 마음으로 내 마음의 문을 열게 되는 것입니다. 부연하자면, 모든 고통은 성장을 전제하고 있습니다. 즉, 고통은 성장을 위한 전주곡입니다.

◆ 마음의 문을 열고 닫는 순간에 대한 자기 자신을 파악할 수 있습니다. 또한, 마음의 문을 열 수 있는 주체가 바로 자기 자신이라는 사실을 깨달을 수 있습니다. 섭리를 받아들이고, 내려놓고 내맡김으로써 내면에 긍정의 에너지를 간직하면서 건강한 소통을 향해 나아갈 수 있는 긍정의 마음을 일궈내는 효과가 있습니다.

관계와 소통을 위한 공감 연습

6.

인간다운 성품과

역량 높이기

바른 인성은 곧 바른 마음과 정신을 일컫기 때문입니다. 사람됨을 형성하고, 올바른 사람의 가치를 가짐으로써 타인과 사회와 공감하고 갈등을 해결할 수 있습니다. 삶에서 닥쳐오는 고난들을 극복하고 내면의 힘을 이뤄내는 것을 일컬어 '치유'라고 할 수 있습니다. 아름다운 인성을 기르기 위해서는 '치유'가 일상화되어야 합니다. 매일, 매 순간이 내면을 성장하게 하는 기회라고 여기며, 알아차리고 깨닫고 실천하는 삶이 바로 '치유의 일상화'입니다.

'인성'은 타인, 공동체, 자연과 더불어 사는 데 필요한 인간다운 성품과 역량을 말합니다. 인간다울 수 있으려면 '나'를 먼저 염두에 두고 생각해봐야 합니다. 자중자애自重自愛의 마음으로 자신을 스스로 귀하고 소중하게 여기며, 자기 삶을 아름답게 가꿔 나갈 때, 비로소 타인을 위한 마음이 생겨나기 마련이기 때문입니다. 반면, 나 자신을 사랑하지 않고, 자신을 내팽개친다면, 타인과 공동체를 가꿀 수 있는 아무런 힘이 없게 됩니다. 나를 먼저 생각하라는 뜻이 아닙니다. 내 삶의 목적과 태도를 분명하게 하고, 내 삶을 제대로 돌보고 가꾸는 것이 중요하다는 의미입니다. 그럴 때, 비로소 나와 함께 하는 타인, 내가 속한 공동체, 내가 살아가는 자연을 아름답게 가꿀 힘이 생겨나는 것입니다. 자중자애하는 마음으로 타인과 세상을 똑같이 귀하고 소중하게 여기면서 돌볼 수 있으므로 시작은 바로 '나'에 있습니다. 내가 자신을 사랑하게 하는 것이 바로 '치유'입니다. 살아오는 동안 자신을 원망하고 욕하고 좌절하고 비난하

인간다운 성품과 역량 높이기

면서 살 수밖에 없는 무수한 일들이 있습니다. 그 속에서 나를 용
서하는 것은 그만큼 더 어렵고 힘들기 마련입니다. 하지만 나 자신
을 내가 용서할 때, 나를 사랑하는 마음을 회복하게 됩니다. 더 나
아가 타인을 용서하는 것으로 이어질 수 있습니다. 내가 나를 사랑
하는 것은 교육이나 훈계로 되는 게 아닙니다. 닫힌 마음의 문을
열어야 하고, 이를 '치유'라고 할 수 있습니다.

　2015년 7월 21일부터 시행된 인성교육진흥법에서 제시한 핵심
가치와 덕목은 예禮, 효孝, 정직, 책임, 존중, 배려, 소통, 협동입니다.
비옥한 토양 속에서 자라날 수 있는 것이 바로 가치와 덕목인 것이
다. 자라나기 적당할 정도로 토양의 속성이 갖춰지기 위한 일련의
일들이 바로 '치유'라고 할 수 있습니다. 또한, 인성교육진흥법에 따
르면, '핵심 역량'이란 '핵심 가치·덕목을 적극적이고 능동적으로 실
천 또는 실행하는 데 필요한 지식과 공감·소통하는 의사소통 능력
이나 갈등 해결 능력 등이 통합된 능력'이라고 기술되어 있습니다.
공감과 소통을 할 수 있는 의사소통과 타인 혹은 소속된 사회에
서 일어난 갈등을 해결하는 능력 역시 다만 가르치고 타이른다고
되는 일이 아닙니다. 각자의 내면에서 적극적이고 진취적인 소통의
힘, 해결의 힘이 존재하고 이 힘을 발휘하겠다는 의지가 작용할 때
일어날 수 있습니다. 즉, 인성교육에 의해 핵심 가치와 덕목을 비롯
한 역량은 바로 건강한 마음 및 올바른 정신에 기초하고 있습니다.
바른 인성은 곧 바른 마음과 정신을 일컫기 때문입니다. 사람됨을

관계와 소통을 위한 공감 연습

형성하고, 올바른 사람의 가치를 가짐으로써 타인과 사회와 공감하고 갈등을 해결할 수 있습니다. 삶에서 닥쳐오는 고난들을 극복하고 내면의 힘을 이뤄내는 것을 일컬어 '치유'라고 할 수 있습니다.

아름다운 인성을 기르기 위해서는 '치유'가 일상화되어야 합니다. 매일, 매 순간이 내면을 성장하게 하는 기회라고 여기며, 알아차리고 깨닫고 실천하는 삶이 바로 '치유의 일상화'입니다. '치유'라는 말을 쓰는 이유는 '치유'는 변화의 속성을 지니고 있기 때문입니다. 치유의 일상화가 이뤄진 삶이라면, 인간관계도 의사소통도 아름답게 이어갈 수밖에 없습니다. 그러므로 인성이 아름답게 꽃 피워졌음을 알 수 있는 것은 바로 원활한 소통으로 인해서입니다. 진정한 소통은 온전한 마음을 진술하게 드러내는 것으로 인해 일어나게 됩니다.


효과적인 의사소통을 위해서 구체적인 실천 사항을 알아볼까요? 상담 현장에서 일어나는 상황을 예를 들어보겠습니다.

첫 번째, 명료한 메시지를 보냅니다. 내담자는 의료팀에서 나오는 답과 해법을 간절히 바라고 있습니다. 내담자를 직접 진단하는 역할이 아니더라도 그 팀의 일원으로서 내담자에게 분명하고 명료한 정보를 제공해야 합니다. 내담자의 치료 결과가 확실하지 않을 때도 있지만, 분명한 정보를 전달해야 한다는 사실을 피해 갈 수는 없습니다. 이것은 대답할 수 없는 질문을 받을 때도 마찬가지입니

인간다운 성품과 역량 높이기

다. 내담자의 의문을 최대한 존중한다는 뜻으로 분명하고 명쾌하게 답변하는 것이 좋겠습니다. 예를 들자면, "담당 부서한테 연락해 보고 알려 드리겠습니다"라고 하는 것이 바람직합니다.

두 번째, 표준어를 사용하고 은어나 전문 용어를 사용하지 않습니다. 상담사의 표준어 사용은 내담자의 신뢰감을 얻는 데 효과적입니다. 은어는 저속해 보이고 질이 떨어져 보입니다. 의학용어는 환자가 모르는 말인데다가 그런 용어를 씀으로써 권위를 잡으려 드는 행동은 유대관계나 신뢰에 도움을 주지 않습니다. 그러한 행위는 허세를 부리는 것으로 보여 의사소통에 방해가 되지요. 전문적인 지식을 쉽게 풀어서 말하는 것이 좋습니다. 내담자나 일반인이 잘 알아들을 수 있도록 말이지요. 또한, 어떤 경우에도 욕설하지 않아야 합니다.

세 번째, 일방적인 지시 대신 대화를 나누며 경청합니다. 내담자에게 일방적으로 말하지 않고 대화를 나누는 것은 내담자의 염려를 존중한다는 것을 보여주는 방법입니다. 내담자가 말할 때 직접 쳐다보면서 눈을 마주치는 것은 내담자에게 비언어적 태도로 경청하며 수용하고 있음을 잘 드러내는 것입니다. 내담자가 말을 마칠 때까지 기다리고 절대 끼어들어서는 안 됩니다. 이런 경청의 태도는 내담자의 말을 존중하고 이해하려고 노력하면서 진심으로 공감한다는 표현입니다. 내담자는 자신의 치료에 관해 자신이 능동적인 파트너와 협력자라고 느껴야 합니다. 또 그렇게 느낄 수 있도록 존중받아야 하지요. 그렇게 자신의 가치를 존중받을 때 건강관리에 더 협조적으로 참여하고, 또 성공적인 치료가 될 수 있습니다.

네 번째, 거울 언어로 말합니다. 경청의 비언어적 표현이 고개를 끄덕이거나 열려있는 마음으로 성실하게 눈을 마주치는 것이라면, 언어적 표현은 '거울 언어로 말하기'입니다. '거울 언어로 말하기'는 상대방이 말한 것을 잘 알아듣고 적절한 피드백으로 그 말을 반영하는 것을 의미합니다. 내담자의 말을 재확인하거나 중요한 부분을 다시 한번 더 말할 때 내담자는 자기 말이 수용되고 있다는 사실을 알 수 있습니다. 즉, 송신자가 전해준 메시지를 잘 받았다는 사실을 수신자 처지에서 알려주는 역할을 하는 것이지요. 내담자가 화가 나거나 혼란스러워하거나 통증, 언어손상이 있거나 상담사에게 자신의 메시지를 전달하기 어려운 상태를 가질 수도 있습니다. 그럴 때 상담사는 내담자가 전달하려고 하는 것이 정확히 어떤 것인지를 이해하는 것이 중요합니다. 일단 감정의 상태를 파악해야 합니다. 말로 표현하지 않은 상황에 대해서 포착하며 정황을 알아차려야 하지요. 일어난 분위기를 있는 그대로 수용하고, 해결하고자 애쓰는 모습이 보일 때 환자는 원활한 소통이 이뤄지는 단서를 제공하게 될 것입니다. 거울 언어의 예는 다음과 같습니다.

내담자: "하루에도 수십 번씩 옛날 일들이 떠올라요. 밤에도 자꾸만 생각이 너무 많이 나서 잠을 잘 수가

인간다운 성품과 역량 높이기

없고 괴롭습니다"

상담사: "하루에도 아주 많이 옛날 일들이 떠오르고
밤에도 자꾸 생각이 많이 나서 잠을 못 자고 괴로울
지경이시군요. 많이 힘드시겠습니다"

위의 예에서 '거울 언어'로 응대를 한 이후, 상담사는 혹시 어떤
특정한 일이 떠오르는지, 자주 떠오르는 옛날 일이 있는지를 추가
해서 더욱 깊이 물어볼 수 있을 것입니다. 그럴 때, 치유를 위해 자
신의 속마음을 털어놓는 '치유를 위한 의사소통'으로 이어지게 됩니
다. '거울 언어'의 효과는 다음과 같습니다.

◆ 거울 언어는 자기 말을 경청하고 있다는 느낌을 통해 치
료적 신뢰 관계rapport를 형성할 수 있습니다.

◆ 거울 언어는 자신을 객관적으로 들여다볼 수 있는 통찰
의 기회가 될 수 있습니다. 즉, 자신에게 무슨 일이 일어났으
며, 어떤 감정 상태에 있고, 그것을 해결하기 위해 어떤 노력
을 해야 할지에 대한 내면의 움직임에 적극적인 영향을 줄
수 있습니다.

◆ 거울 언어는 자신이 수용 받고 있다는 사실을 느낄 수 있
습니다. 일정한 잣대로 인해 비판이나 평가를 받는 것이 아
니라 있는 그대로 수용 받고 있다는 사실로 인해 안전지대에

서 대화를 나눌 수 있다는 점에서 원활하게 자기 내면을 표출할 수 있습니다.

◆ 거울 언어는 자기 자신을 지지하는 힘을 느낄 수 있습니다. 고립감과 외로움에서 탈피해서 자신이 소중하고 존중받고 있다는 지지와 격려를 느끼고, 이를 통해 현재 상황에 대한 극복 의지를 고취시킬 수 있습니다.

◆ 거울 언어는 상대방과 소통하고 있다는 긍정적 에너지를 느낄 수 있습니다. 상대방이 자기 말을 경청하고 있으며, 긴밀하게 상호 연결하여 교류되는 에너지를 느끼고, 문제를 해결할 수 있다는 긍정적인 마음을 가질 수 있습니다.

다섯 번째, 친밀한 인간관계를 형성합니다. 진정한 신뢰 관계는 열린 마음에서 인간 대 인간으로 만날 수 있을 때 일어납니다. 인간은 불안한 존재입니다. 한 치 앞을 알 수 없으며, 주어진 삶이 언제 끝날지도 모릅니다. 지위나 학식, 부와 명예 차원을 전부 집어던지고 나눌 수 있는 것은 인간으로서의 공감입니다. 특히 그 모든 사회적인 가면persona이 더는 필요하지 않다는 사실을 알아차리게 되는 것이 바로 아플 때입니다. 몸과 마음에 병이 나면, 그러한 가면은 사실 인간이 사회를 이루며 살 때 가지는 허상일 뿐이라는 사실을 알게 되지요. 진짜의 나, 참인 나, '자기Self'를 들여다볼 좋은 기회가 바로 아플 때입니다. 상담사는 자신도 내담자의 입장이라면

인간다운 성품과 역량 높이기

어떤 느낌일지, 처지를 바꿔서 생각하는 역지사지易地思之의 상황에서 내담자를 대하고 바라볼 수 있어야 합니다. 그럴 때, 피상적이고 사무적인 태도가 아니라 친밀하고 인간적인 관계가 이뤄집니다. 내담자의 눈으로 그런 상담사의 모습을 보게 된다면, 따뜻하고 공감적이며, 권위적이지 않으면서 자기 자신을 진정으로 위하는 아름다운 마음을 느낄 수 있게 됩니다.

여섯 번째, 상대방에게 집중하고 상대방이 말을 털어놓을 수 있도록 합니다. 내담자가 자신의 상태에 대해 말을 할 수 있을 때, 함께 할 수 있는 것들이 많습니다. 즉, 상담에 대한 긍정적인 동참의 의미와 함께 자신의 상담 경과에 대해 스스로 파악하고, 이를 의료팀과 나눌 수 있습니다. 솔직하게 말하지 못하게 하거나 일방적인 지시나 정보의 전달을 하는 것은 의사소통뿐만 아니라 상담에도 도움이 되지 않습니다. 내담자에게 집중하지 않는 것은 내담자를 무시하는 태도입니다. 그런 부정적인 태도가 내담자한테 악영향을 주는 것은 당연한 이치이겠습니다. 솔직하게 감정이나 생각을 털어놓게 하고, 내담자에게 집중하는 것은 긍정적 의사소통이면서 동시에 상담 진행에도 긍정적으로 작용하기 마련입니다.

일곱 번째, 이해하고 공감합니다. 공감은 마음을 이해하는 것에서 시작합니다. 마음을 이해하는 것은 상대방의 마음을 수용하고 비판이나 비난을 하지 않는 것을 전제로 행해지는 것입니다. 공감이 이뤄졌을 때 소통이 가능해집니다. 하지만 공감과 동정은 다릅

관계와 소통을 위한 공감 연습

니다. 있는 그대로 온전히 수용하고 이해하는 것으로 인한 것이 공감이지만, 동정은 상대방의 부정적인 면, 고통과 아픔을 불쌍하고 측은하게 여기는 마음입니다. 이러한 동정은 상대방을 자신보다 못한 처지에 두고 그 상황에 대해 베풀어주고 싶은 마음을 내는 것이어서 측은지심惻隱之心의 마음이라고도 할 수 있습니다. 동정은 상대방의 처지에서 이해하는 것이 아니라 자신의 태도를 고수한 채 상대방을 바라보는 것입니다. 그러니 동정은 일시적이고, 한계성을 지닙니다. 누구나 부정적인 영향력 아래에 오래 머물고 싶어 하지 않는 보편적 심리가 있기 때문입니다. 그리하여, 동정이 아니라 공감으로 지속적인 관심과 이해로 이어져야 관계가 오래 유지될 수 있고 더욱 긴밀해진 관계로 발전할 수 있습니다.

여덟 번째, 상황에 맞게 질문합니다. 상담사가 내담자에게서 정보를 유도하기 위해 사용할 수 있는 질문에는 세 가지 유형이 있습니다. 개방형, 폐쇄형, 선다형 질문이지요. 먼저 개방형 질문은 자세하고 감정적인 긴 대답을 유도합니다. 전체 이야기를 듣고 싶을 때 사용합니다. '어떻게'나 '무엇'이라는 단어부터 시작하는 경우가 많습니다. 되도록 '왜?'라는 질문을 피해야 합니다. '왜?'라는 질문은 다소 공격적으로 들릴 수 있고, 자칫하면 상대방은 방어적인 태도, 수동적인 위축된 자세로 변화할 수 있기 때문입니다. 폐쇄형 질문은 짧은 초점형 대답을 요구할 때 사용합니다. '예'나 '아니오' 또는 한 단어로 된 대답을 유도하는 형식이지요. 특히 질문할 때 내담자의 말에 대한 격차를 메우거나 의료 목적을 위해서 내담자의 정보를 따라가는 데 유용합니다. 예를 들면, "어느 쪽 팔이 아프신가요?", "언제부터 배가 아프셨나요?" 등입니다. 선다형 질문은 환자에게 선택할 수 있는 대안을 제공합니다. 폐쇄형 질문은 건강 관리적 측면에서 상담사에게 협력하고 건강관리와 관련된 결정을 내릴때, 전문가가 유도하는 쪽으로 응하려는 마음을 내게 합니다. 선다형 질문은 위축되거나 우울하고 불안한 환자를 돌볼 때 유용합니다. 내담자는 합리적인 방안에 따른 순서와 질서를 잡아나갈 수 있습니다. 선다형 질문의 단점은 때때로 내담자가 질문을 동시다발적으로 받는 것처럼 느껴져 혼란스럽기도 하고 복잡하게 느낄 수 있다는 것입니다. 특히 노인의 경우 성가시게 여겨서 그런 질문의 형태를 싫어할 수도 있습니다.

아홉 번째, 성함 뒤에 최대한 존중하는 의미로 '님'이나 '분'을 붙입니다. 처음 만나서 인사를 할 때, 내담자의 이름을 물어보거나 부를 때 예의를 갖추는 것이 좋습니다. "성함이 어떻게 되시지요?"라고 정중하게 묻는 것에 대해 불쾌감을 느끼는 사람은 없습니다. 대신, "이름이 뭐예요?"라고 물었을 때 경박하게 보여서 불쾌하게 여기거나 나이가 많은 내담자의 경우에는 푸대접받았다고 느낄 수 있습니다. 최대한 존중한다는 것은 상대방을 존중하고 있다는 마음을 표출하는 것입니다. 성함 뒤에 '님'자를 붙이거나 '선생님'이라고 존칭하는 것은 상대를 최대한 예의를 갖춰서 대한다는 의미가

관계와 소통을 위한 공감 연습

전달될 수 있습니다. 나이가 너무 어리거나 청소년의 경우에는 "이름이 뭐예요?"라고 물어볼 수도 있겠습니다. 하지만 어리다고 함부로 말을 놓거나 반말투나 명령조로 하는 것은 상대방이 반감을 품을 수 있으니 삼가는 것이 좋겠습니다. 혹시 외모보다 실제로는 나이가 많을 수도 있으므로 조심해야 합니다.

열 번째, 말하는 도중에 끼어들지 않도록 합니다. 상대방이 말하기 시작하는 것에 이어서 마무리도 상대방이 하도록 하는 것이 가장 바람직합니다. 송신자의 말에 끼어든다는 것은 수신자가 그 메시지를 별로 소중하게 여기지 않는다는 의미이기도 합니다. 송신자가 메시지를 전달할 때 불필요한 방해를 하지 않고 이야기를 마무리하도록 하는 것이 효과적인 의사소통 기술입니다. 내담자가 이야기를 마무리하는 것은 내담자의 요구를 충족시키기 위해 상담사가 존재한다는 사실을 알아차릴 수 있는 좋은 기회이기도 합니다. 단, 시간이 촉박하거나 지리멸렬한 이야기가 너무 길어 일에 방해가 될 때는 계속 듣지 못한다는 사실에 대해 충분히 양해를 구합니다. 그런 다음 막연하게 다음을 기약하지 말고, 언제 와서 마저 들을 것인지를 언급하는 것이 좋겠습니다.

열한 번째, 구하지 않거나 관계가 없는 조언을 하지 않습니다. 내담자는 보통 건강과 의료에 관련한 요구가 생겨서 상담 기관을 방문합니다. 상담사의 임무는 내담자의 그러한 요구에 충실하고, 건강에 대한 해결책을 제시하고 그것에 관해서 집중하는 것이지요.

인간다운 성품과 역량 높이기

내담자의 그러한 기본적인 건강 요구와 연관되지 않는 외모, 사생활, 주위 환경에 대해 알게 되는 경우가 있습니다. 그러한 상담 외적인 것에 관해서 조언하면서 알려고 캐묻는 것은 적절하지 않습니다.

열두 번째, 자신에 대해 말하지 않고, 상대방이 말하도록 합니다. 내담자의 말보다 자신에 대한 말을 하게 되는 경우가 있습니다. 내담자가 자신의 말을 털어놓을 수 있도록 자극을 주는 의미로 마중물을 붓듯 말하는 것을 일컫습니다. 즉, 어떤 일과 마음에 대해 내담자가 주저하고 있을 때, 상담사가 조심스럽게 이러이러한 적이 있었다고 자신을 개방하게 되는 것이 필요할 때가 있습니다. 다만, 그것이 자랑이나 자만에 의한 이야기여서는 효과가 없습니다. 어려움을 극복했던 자신만의 경험을 되도록 짧게 얘기하는 것은 환자를 안심시키고 회복 의지를 북돋게 하는 데 도움이 될 수 있습니다. 이러한 상담사의 자기개방은 내담자가 자기 말을 용기 있게 털어놓게 할 수단으로 활용되어야 합니다. 그런 목적 없이 단지 자신에게 도취한 채 말하면, 내담자의 말보다 더 많은 말을 하게 되고 적절한 의사소통이 이뤄지지 않게 됩니다. 상대방이 말을 털어놓도록 하는 것이 소통의 요점입니다.

열세 번째, 상대방의 기분이 어떤지 안다고 지레짐작하지 않도록 합니다. 내담자의 기분이 어떤지 안다고 하는 것은 공감이 아닙니다. 공감은 상대방이 느끼는 것을 이해하고 친밀한 관계를 이어

관계와 소통을 위한 공감 연습

가게 하는 것이지요. 단순히 기분을 안다고 말하는 것은 오만한 행위에 불과합니다. 결코 당사자와 똑같이 고통을 느낄 수는 없습니다. 억지스럽고 인위적인 언행은 진정한 의사소통이라고 할 수 없습니다. 내담자의 고통을 오롯이 이해할 수 없다는 사실, 하지만 최선을 다해 고통을 덜어 주기 위해서 노력하고 있다는 점을 솔직하게 인정하는 것이 오히려 자연스럽습니다. 감정이나 정서에 관해 선불리 말할 때, 내담자는 "당신이 어떻게 알아?"라는 식으로 오해하고 반감을 품을 수 있습니다.

인간다운 성품과 역량 높이기

# 빛 만나기

한계를 극복하는 내면의 힘

그림 〈마음의 빛〉

## 마음의 빛

책 표지의 뒷날개의 그림을 살펴볼까요? 작품 속에 나오는 글귀를 한번 보시기 바랍니다.

> "우리는 모두 빛인 채 서로서로 빛살을 뿌리고 나누면
> 서 드리우고 번져가며 앞으로 앞으로 나아갑니다"

벽강 류창희 화백(전주 출생. 전 원광대 한국화과 교수. 1949~)의 〈마음의 빛〉이라는 작품입니다. 우리는 저마다의 빛을 가지고 있습니다. 각자의 지문이 다르듯 고유의 빛깔을 지니고 있지요. 예컨대, 파란빛이라고 다 같은 파란빛이 아닙니다. 미묘하지만 차이가 있지요. 빛

관계와 소통을 위한 공감 연습

의 속성은 퍼져나가서 주위를 환하게 하는 것입니다. 인간은 저마다 고유의 빛을 마음 깊숙이 정중앙에 지니고 있고, 이를 주위에 퍼뜨릴 수 있습니다. 다만, 이 빛을 살아오면서 자기도 모르게 숱하게 가려왔던 탓에 자신도 잘 느끼지 못할 뿐입니다. 빛을 많이 가릴수록 자신에게는 어둠만이 존재한다고 여기곤 하지요. 푸른 하늘에 먹구름이 가려져 있는 격입니다. 구름이 걷히고 나면 어김없이 보이는 하늘의 맑은 본연의 모습을 잘 믿으려 하지 않습니다. 하지만 그럴수록 온전히 자각하기 위해 마음의 굳은 근육을 어루만져 풀어줘야만 하지요.

어떤 암울한 순간에도 마음의 빛이 있다는 사실을 알아차리는 것! 그것이 삶을 살아나가게 합니다. 인간관계에서도 마찬가지입니다. 상대방의 태도가 간혹 이해하지 못할 정도로 버거워질 때가 있습니다. 회피하거나 부정적인 반응으로 응대할 수밖에 없어서 속상할 때가 있지요. 그럴 때 두 가지 방향에서 생각할 필요가 있습니다.

첫째, 상대방의 마음에 존재하는 빛이 많이 가려져 있다는 점입니다. 빛이 사라진 것은 아닙니다. 빛은 이 세상에 태어나는 순간부터 주어져 있으며, 절대로 없어지지 않습니다. 게다가 빛은 이 세상을 벗어나서도 존재하고 있을지도 모릅니다. 빛은 누구에게나 절대적으로 존재하는 것이어서 우리는 모두 '빛의 제국'에 속한 사람들

193

빛 만나기

입니다. 빛이 가려지는 요인은 여러 가지입니다. 공통되는 것은 불안으로 인해 자기도 모르게 쓰게 되는 심리적 방어와 트라우마로 인해서입니다. 상대방의 태도나 언행으로 말미암아 제대로 소통할 수 없을 때 지금, 현재, 이 순간에 상대방은 스스로 빛을 가리는 중이라고 여길 수 있겠습니다.

둘째, 자신한테 있는 마음의 빛이 가려져 있는 경우입니다. 누군가의 탓이라고 말하기 이전에 먼저 짐작해야 할 부분이 바로 이것입니다. 탓하기는 쉽지만, 자신 때문이라고 책임을 지는 일은 쉽지 않습니다. 제일 먼저 자신부터 점검해봐야 합니다. 누군가와 소통이 잘되지 않고 불쾌해진다면, 나도 모르게 자신을 방어하면서 벽을 치고 있는 것은 아닌지 떠올려봐야 합니다. 그렇게 성찰하게 되면, 일단 상대방을 공격하고 싶은 마음을 멈추게 됩니다. 그 상태에서 한숨 돌리고 나면, 상대방을 향한 깊은 속마음이 살아날 수 있습니다.


인간관계는 원활한 소통을 전제로 하고 있습니다. 소통할 수 없다면, 진정한 관계를 맺을 수도 없지요. 빛과 빛이 만날 때 더 큰 빛이 되어 널리 퍼질 수 있습니다. 마음에 존재하는 '마음의 빛'을 자각할 수만 있다면 놀라운 경험을 하게 됩니다. 사회적인 가면persona만을 고집하면서 피상적인 친절로 가장하여 겉으로만 대하던 인간관계를 서서히 청산하게 되고, 진솔한 자신을 알아차리게 될 것입

관계와 소통을 위한 공감 연습

니다. 그러면서 마음속에서 우러나오는 반가움, 친절, 우정과 사랑, 친밀감, 서로의 존중이 스며드는 진솔한 관계를 이뤄 나가면서 긍정 에너지를 발산하게 될 겁니다.

◆ '마음의 빛'은 근원적인 내면의 힘을 말하며, 분석 심리학자 융Jung식으로 말하자면, 자기Self입니다. '마음의 빛'은 개별적이고 각자의 개성을 나타내는 것이지만 독단적으로 존재하는 것이 아닙니다. '마음의 빛'은 우주의 에너지 혹은 신과 합일을 이루고 있습니다. 바로 그러한 점이 인간을 인간의 한계에만 갇혀있게 하지 않고 극복하고 초월할 수 있도록 합니다. 이기적인 인간이 아니라 이타적인 인간이 될 수 있는 이유가 바로 여기에 있습니다. 자기에게 존재하고 있는 근원적인 내면의 힘을 깨닫고 타인과 진정한 관계 맺기와 의사소통을 증진할 수 있는 내면의 원동력을 자각할 수 있습니다.

빛 만나기

# 채우기

## 내 안의 에너지를 발견하고 채워보기

### 시 〈나의 아름다운 주유소〉


## 나의 아름다운 주유소 이야기


나의 아름다운 주유소[11]


자작나무들이 일렬로 서서
묵상하고 있는 곳,
더는 차들이 갈 수 없을 것 같은
그곳으로 기어이 들어가면
오색 만발한 꽃이 총총 별처럼 모여있는
주유소를 만나지요. 흘린 땀이 또르르 말려
옷깃 위로 굴러떨어지면서 실로폰 소리를 내지요

_____
11 미래시학작가회(2020). 〈가온누리 창간호〉. 미래시학. 70~71쪽.

관계와 소통을 위한 공감 연습

모자를 환하게 벗으며 건반의 〈라〉음으로
인사하는 주인이 건네준 비트 차를 마셔요
심홍빛 노래가 뺨을 어루만져주는 그곳에서
거친 호흡을 잠재우고 얌전하게 연료를 빨아 먹는
차 옆에 서서 먹구름이 걷힌 말간 하늘을 올려다 봐
요
천년도 아니 만년도 더 된 책 안에서
숨어 있다 책장을 펼치면 불쑥 튀어나올 것 같은
아름다운 주유소, 가지런한 차양 위에
햇살이 안심하고 내려와 쉬고 있어요
나는, 몇 겹의 얼굴을 휙 벗어 던졌지요
실컷 목놓아 울어도 좋을
그곳, 주인은 찬찬히 고개를 끄덕이고
구멍 난 허공을 메우듯 양손을 들어 인사를 하지요
다시 속력을 내기 전
놀빛 자락을 막 펼치기 시작한 하늘이
주유소를 선연한 빛으로 휘감고 있는 것을
나는, 뒤돌아봤지요


                                        시아

채우기

# 시작 노트

에너지 충전이 필요한 어느 날, 묵상 기도를 하듯 자작나무가 죽 늘어서 있는 곳을 지나쳐서 갔습니다. 좁디좁은 길이어서 차들의 왕래가 드문 곳, 인적이 드문 그곳으로 기어이 들어가 보았지요. 신기하게도 그곳에서 화려한 색깔의 작은 꽃들을 만났습니다. 마치 별들이 지상에 내려와 앉아 있는 듯, 작고 깜찍하고 빛나는 꽃들을 보았지요. 마침내 주유소를 만났습니다. 허기지고 지친 몸뚱어리를 끌고 들어서면서 이마 위에 맺혔던 땀도 굴러떨어집니다. 주유소 안으로 들어서는 순간, 실로폰 위를 콩당콩당 뛰어다니는 것처럼 나는 경쾌하고 가벼워집니다. 모자를 벗으며 주유소 주인은 만화영화 속 기차를 출발시키는 역장의 고양된 음성처럼 인사를 건넵니다. 그가 건네준 심홍빛 비트 차를 마시면서 콧노래가 절로 나오지요. 차의 연료가 채워지는 동안 나를 옥죄던 안전벨트를 풀고 차에서 내립니다. 어느새 먹구름이 걷힌 하늘을 올려다봅니다. 뭉게구름이 몽글거리는 하늘을 올려다보며 한 모금씩 홀짝홀짝 비트 차를 마십니다. 환하게 퍼지는 차의 향기와 맛이 온몸의 긴장을 녹입니다. 도대체 이 주유소는 언제부터 있었을까요? 마치 오래된 이야기 속에 등장하는 달콤한 집처럼 주유소는 독특하고 매력적입니다. 책장 속에서 꼭꼭 숨어 있다가 그 앞을 얼씬거려도 전혀 펼쳐

관계와 소통을 위한 공감 연습

보지 못했던 아주 오래된 책처럼 있었을 법합니다. 작정하고 들여다보지 않으면 결코 찾지 못하는 숨겨진 책 같은 주유소. 위쪽 둘러쳐진 차양 위에서 햇살이 마음껏 쏟아지고 있습니다. 시원한 그늘에서 크게 들이쉬고 내쉬면서 호흡합니다. 지금, 이 순간만큼은 그동안 써 왔던 두꺼운 가면을 벗어던져도 좋겠습니다. 나는 가볍고 자유로워집니다. 나를 눌러왔던 모든 짐으로부터 해방됩니다. 살아가는 동안, 이런 홀가분할 때는 없었던 것 같습니다. 아직 육체를 입고 있는 동안에도 이렇게 자유로울 수 있다니. 내 영혼은 갑자기 어리둥절해집니다. 순간, 낡고 군데군데 헐거워진 육체를 내려다봅니다. 이 육체를 이끌고 아등바등 살아왔습니다. 때로는 구속하고 더 자주는 구박했습니다. 나도 모르게 눈물이 흐릅니다.

지치고 고단하고, 압박과 긴장에 떨어야 했던 내 육신의 꼬깃꼬깃한 주름이 펴지고 있습니다. 주인은 마음껏 울어도 된다는 듯이 가만히 고개를 끄덕이고 있네요. 햇살이 내 등을 톡톡 두드려주고 있고요. 아무 말 하지 않아도 주인은 웅장한 의미를 보내고 있습니다. 삶이 살만한 것이라고, 어떤 경우라도 삶을 이끌고 가야 하는 것이라고 알려주고 있습니다. 그리고 얼마나 힘드냐고, 그동안 참 애썼다고 다독여주고 있습니다. 마음껏 울먹이고 난 뒤 간신히 울음을 그쳤을 때, 이미 한나절은 흐른 듯했습니다. 연료를 가득 채운 차에 올라타기 전, 나는 구멍이 나서 어쩔 줄 몰라 하던 내 하늘이 말끔히 메워졌다는 것을 깨달았습니다. 손바닥으로 그 메워진

채우기

곳을 더듬거리며 감탄하듯 손을 흔들었지요. 주인도 덩달아 나처럼 인사를 했습니다. 주유소를 빠져나와서 다시 제 속도로 돌진하기 직전, 한 번 더 뒤돌아다 봤지요. 놀빛이 막 드리우려는 찰나의 하늘 아래에 주유소가 있었습니다. 아니, 주유소는 찬란한 놀빛 그 자체였습니다. 내 아름다운 주유소, 안녕.

누구에게나 삶의 에너지가 떨어지는 날이 있습니다. 이 말을 바꿔말하자면, 누구에게나 에너지를 충전해야 하는 날이 있습니다. 일상의 스트레스가 누적되어서 그렇기도 하지만, 어떤 사건이나 사고를 당해서 충전이 필요할 수도 있습니다. 대개는 고통과 고난의 상황이 닥쳐와서 그 일을 묵묵히 견뎌내고 난 뒤에 찾아오기 마련입니다. 위기의 상황에서는 긴박한 흐름에 따라 긴장과 압박으로 그 사태를 버텨내다가 위기가 한차례 지나가고 났을 때, 그런 고갈의 상태로 접어드는 것이지요. 그럴 때, 지지와 격려를 해 줄 수 있는 대상이 있다면 다행입니다. 힘들어도 찾아가서 위로받을 수 있는 존재가 있다는 것만으로도 행복하니까요. 다만, 인간은 한계가 있으며, 그 어떤 존재라도 물리적으로는 헤어질 수밖에 없을 때가 있습니다. 가족한테 위로받는다고 합시다. 어느 날, 가족들이 멀리 다른 곳으로 떠났거나 바빠서 제때 연락이 닿을 수 없거나 혹은 이 세상을 떠났다고 하면 도대체 어디에 가서 위로와 지지를 받을 수 있을까요?

관계와 소통을 위한 공감 연습

지지해주는 존재가 사람이 아니라 반려동물일 경우도 마찬가지입니다. 그 동물이 살아있을 동안에는 그런대로 지지를 받을 수 있겠지요. 지지해 줄 존재가 이 세상을 떠났다면, 누구한테 기댈 수 있을까요? 어느 장소를 선택할 수도 있겠습니다. 그 장소에 가서 그곳이 갖는 분위기에 젖어서 위로를 받게 되는 때도 있겠지요. 그런데도 그 장소가 개발되거나 그 어떤 알지 못하는 이유로 흔적도 없이 사라져 버린다면? 인적이거나 물리적인 위로나 지지는 이처럼 한계가 있습니다.

우리의 마음은 그렇지 않습니다. 한계가 없습니다. 마음에서 일어나는 에너지 충전의 효과는 내 마음이 존재하는 한 지속됩니다. 어떤 존재가 이 세상을 떠난 이후에도 마찬가지입니다. 그 존재와 마음을 합치게 되는 순간, 그는 내 마음속에서 그대로 존재해서 내게 지지의 말을 해줍니다. 앞에서 예를 든 것과 똑같지 않냐고 말할지도 모르지만, 그렇지 않습니다. 앞서 기술한 경우는 오로지 그 존재한테 일방적으로 받는 위로와 지지입니다. 후에 기술한 경우는 그 존재를 느끼고 생각하는 내 마음의 작용으로 내 안에서 얻는 위로와 지지입니다. 전자는 주체가 그 존재이고 나는 수동적으로 받는 역할을 한다면, 후자는 그 존재를 떠올리는 내 마음이 바로 주체이고, 내가 바로 역동적으로 작용하는 것입니다.

이 시의 시적 자아persona는 삶의 에너지가 고갈된 상태에 처해

채우기

있습니다. 자신의 에너지를 채워줄 수 있는 곳을 찾아가게 되지요. 아무 말 하지 않아도 모든 것을 이해하는 주유소 주인을 만납니다. 그가 건네준 심홍빛 비트 차를 마시고 연료를 채웁니다. 먹구름이 걷힌 말간 하늘의 기운을 받고 햇살과 시원한 그늘의 도움도 받습니다. 오색빛의 고운 꽃들과 푸르른 공간에서 마음껏 목놓아 울기도 합니다. 그 울음 속에서 한껏 정화되는 자신을 발견하지요. 그 주유소를 빠져나와 다시 일상의 속도를 내면서 살아갈 것입니다. 그 아름다운 주유소는 언제나, 늘 존재합니다. 경건하고 숭고하게 자신의 자리를 지킨 채 묵상하고 있는, 즐비한 자작나무를 타고 들어가면 존재하고 있는 주유소는 바로 내면에 존재하기 때문입니다. 언제든 내 마음의 주유소 주인, 내 영혼은 나를 응원하고 지지해줍니다.

이 시를 바탕으로 우리는 두 가지 소통의 성격을 만날 수 있습니다. 하나는 타인에게 위로와 격려하며 소통할 수 있는 대상이 되는 경우와 또 다른 하나는 자기 자신한테 스스로 그런 역할을 감당할 수 있는 것입니다. 전자의 경우 우리의 의사소통은 피상적이고 사무적인 태도가 아니라 더욱 친밀하고 부드럽고 온화해야 합니다. 내면의 감춰둔 이야기까지 털어놓아도 좋겠다는 마음을 낼 수 있는 대상은 다음과 같은 특징을 가지고 있습니다.

◆ 개인적인 비밀(누군가에게 해를 끼치거나 자신에게 해를 끼치는 것은 제외)

관계와 소통을 위한 공감 연습

을 지켜주고 발설하지 않습니다.

◆ 공감하는 언어와 비언어적 태도를 지닙니다. 즉, 자연스럽게 거울 언어(상대방의 말을 비추어주는 언어)를 행하면서 비언어적인 동질성(따뜻하고 다정한 시선, 공감 어린 접촉)을 구사할 수 있습니다.

◆ 상대방의 감정을 잘 이해하고 경청합니다.

◆ 자기 말보다 상대방이 말을 하도록 참을성 있게 기다려주고 편안한 분위기를 조성해줍니다.

◆ 섣부른 위로를 하지 않으며 고요하고 차분한 마음을 가질 수 있도록 돕습니다.

◆ 동감(마음의 빛깔 맞추기), 공감(마음 나누기), 감정이입(마음 합하기), 교감(마음 이끌기)의 단계를 잘 터득해서 행합니다.


이러한 태도를 보일 때, 상대방은 자신의 얘기를 털어놓고 싶고 고갈된 에너지를 채우고 싶어 할 것입니다. 하지만 그런 존재를 좀처럼 만나기 어렵지요. 아무리 친숙한 사이라고 하더라도 지지를 받아야 할 그때, 상대방의 처지와 상황에 의해 여의찮을 때가 많습니다. 따라서 자신 안에 아름다운 주유소를 발견해서 힘을 얻는 것이 후자의 가능성이 가장 바람직하다고 할 수 있습니다. 어떻게 하면, 내면에 있는 아름다운 주유소를 발견할 수 있을까요? 다음 워크숍 내용대로 해볼까요?

◆ 나한테 위로와 격려가 필요한 때, 원하는 대로 지지를 제공할 대상을 만나지 못하거나 제대로 충족하지 못하는 경우가 많습니다. 자신에게 행하는 위무(불행한 사람이나 수고하는 사람을 위로하고 어루만지어서 달램)의 힘을 느끼고 체험함으로써 내면의 힘을 느낄 수 있습니다. 에너지를 충전할 힘이 바로 자기 자신한테 있다는 것을 깨닫고 이를 체험함으로써 타인한테도 에너지를 전달할 수 있는 긍정인 에너지를 지닐 수 있습니다.

관계와 소통을 위한 공감 연습

에필로그

마음의 빛을 찾아서

인생의 길은 험난합니다. 결코 꽃길이 아닙니다. 그런데도 '희망'이 없이는 한순간도 버티기 힘든 것이 인생입니다. 이 '희망'은 물질이나 처지, 상황의 변화에만 있지 않습니다. 마음의 평안, 행복, 기쁨, 정신적인 건강에 더 큰 희망을 두고 있습니다. 그렇다면 '희망'을 '사랑'이라고 바꿔 말해도 맥락이 통할 것입니다. 삶을 사랑하는 것이 바로 희망입니다. 미우나 고우나 주어진 삶을 사랑하는 것이 희망입니다.

누구나 인간관계를 맺고 의사소통하면서 살아갑니다. 굳이 이 책을 읽을 이유는 어디에 있을까요? 누군가는 말 잘하는 방법을 배우는 것이라고 오해하기도 합니다. 말 잘하는 법이 아니라, 말을 잘할 수 있는 마음가짐을 배우는 것이라는 말이 맞겠습니다. 마음과 말이 따로 노는 것, 혹은 언어와 비언어가 따로 행해지는 것은 분열이고 혼란입니다. 우리가 알고 싶고, 행해야 할 것은 그럴싸한 말을 하는 것이 아니라 마음먹은 대로 의사를 표현해서 상대방한테 전달하는 것입니다. 그런데 마음이 혼돈하고 어둡고 부정적이라면 어떻게 될까요? 뻔한 일이 일어날 것입니다. 부정적인 말이 튀어나오기 마련일 것입니다. 혹은 마음은 그렇더라도 번드르르한 말로 치장할 수도 있을 것입니다. 그러면, 진정한 인간관계가 되지 않고 다만 피상적이고 겉치레뿐인 관계가 되고 말지요. 그러므로 반듯하고 예의 바르며 상황에 맞는 말을 한다는 것은 결국 마음을 제대로 가져야 한다는 의미로 귀결됩니다. 그것이 어디 하루아침에 이루어질까요? 평생을 가도 제대로 완전히 이루지 못하기 마련입니다.

삶이라는 배움의 터는 완벽한 기술로 누군가를 설득하고 성공적인 리더가 되기 위한 목적에서 태어난 것이 아닙니다. 오히려 불완전하고 부족하고 아슬아슬한 외줄을 타는 듯한 인간을 위해서 태어났습니다. 고해의 인생길을 가고 있지만, 매 순간을 피어나는 꽃처럼 희망, '늘 봄'을 간직하기를 원하는 이들을 위한 배움의 장입니다. '늘 봄'을 마음 깊이 가진다는 것은 마음의 정중앙, 핵심에 언제나 늘 변함없이 존재하고 있는 '마음의 빛'을 자각하는 것을 뜻합니다. 어떠한 상황에 휩쓸려서 부인할 때조차 '마음의 빛'은 우리를 늘 지켜주고 있습니다. '마음의 빛'은 태어날 때부터 부여받은 근원의 힘입니다. 이 빛은 그 어느 때에도 우리를 벗어난 적이 없지요. 늘 환하고 아름다운 빛이 우리 안에 존재하고 있습니다.

그런데도 우리는 잘 느끼지 못하고, 오히려 어둠만이 가득하다

관계와 소통을 위한 공감 연습

고 자신을 깎아내리거나 좌절하기도 합니다. 사실 그럴 때조차도 빛은 여전히 존재하고 있습니다. 뒤틀린 인성과 성격을 가진 이한 테도 빛은 존재합니다. 다만, 빛은 무수한 사연과 일화로 인해 가려져 있을 뿐입니다. '마음의 빛'을 가리게 된 계기는 저마다 다릅니다. 공통된 점은 부정적인 감정과 생각, 무의식적인 방어로 인해서 일어난다는 것입니다. 빛을 가렸던 경험은 또 다른 경험을 불러일으킵니다. 그 반대도 마찬가지입니다. 가렸던 것을 들추는 경험은 연이어 들추는 경험으로 이어집니다. 많이 가렸던 것을 하나씩 들춰내게 되면, 그 빛살의 아름다움을 느끼고 스스로 감동하게 됩니다. 그것은 바로 '자각'으로 인해서 일어나게 되지요. 다시 말하자면, '늘 봄'(늘 보다, 깨어있다)으로 인해 체득할 수 있습니다.

'소통'을 확대해 나가면, 자연과 우주와 소통할 수 있습니다. 진정한 인간관계는 인간끼리만 관계하는 것이 아니라 자연 속의 인간을 인식하며 자연과 소통하는 것이 기본 전제가 되어야 할 것입니다. 저마다 자연스러운 감정과 느낌을 자유롭게 소통할 수 있지만, 따뜻하고 온화한 사랑이 유지될 때 그 긍정성 속에서 각자가 행해야 할 목적대로 살아갈 수 있을 것입니다. 각자의 내면에 있는 '마음의 빛'은 우주의 에너지와 소통하며, '마음의 빛'을 찾아가는 것은 아름다운 삶을 위한 궁극적인 행로라고 할 수 있습니다.

에필로그

인간관계와 의사소통에 관한 여러 책이 있지만, 이 책은 특히 '인문'과 '예술'의 감성과 감수성으로 접근한 특이한 책입니다. 시 6편, 소설 3편, 그림 5점, 음악 2곡, 영화 1편이 어우러져서 문화와 예술의 향기를 은은하게 풍겨내고 있습니다. 이러한 방식은 통합 예술·문화치료인 심상시치료 기법이 포함된 치유 비평이며, 치유 비평은 매체 속에서 긍정 에너지를 포착하여 치유적 시각으로 접근하고, 치유 기법을 제시한 비평을 일컫습니다.

자작나무가 즐비하게 늘어선 싱그러운 숲 안쪽, 아늑한 풀밭에서 하늘거리는 레이스 식탁보를 깔고 촛대와 와인을 준비해놓고 자리에 앉을 당신을 기다리고 있습니다. 하늘은 말랑거리는 구름을 빚어 원하는 모양을 만들어 내는 중입니다. 당신 안에 있는 마음의 빛과 잘 소통하고 있다는 듯 태양 빛이 지그시 당신을 응시하고 있습니다.

관계와 소통을 위한 공감 연습

부록

# 직면하기

트라우마를 이겨 내는 힘

뮤직 비디오 〈파퓰러송〉

* 준비물: A4 용지, 필기구, 미카의 〈파퓰러 송Popular Song〉 뮤직비디오,
뮤직비디오 재생을 위한 빔프로젝트 혹은 노트북.

(1) 아리아나 그란데와 함께 부른 미카의 〈파퓰러 송Popular Song〉 뮤직비디오를 함께 감상합니다.

(2) (1)에서 제일 마지막 장면, 혼자 남은 아리아나 그란데의 모습에 대한 느낌을 한 단어로 쓰고, 그 단어를 쓴 이유를 적습니다.

(3) (2)를 함께 나눕니다.

(4) '자기 안아주기'를 진행자는 시범을 보이면서 참여자들과 함께 행한다. 이 방법은 다음과 같이 진행합니다. 두 손을 교차해서 가슴에 모읍니다. 모은 상태에서 가볍게 토닥토닥 토닥여 주시기 바랍니다. 잠시 눈을 감고 다음과 같은 말을 스스로 하도록 합니다. "아팠던 순간을 이겨냈어. 잘했어. 잘 해냈어. 잘해 왔어." 같은 행위를

5~7번 정도 반복합니다. 천천히 자연스럽게 하도록 합니다. 때에 따라 이런 '자기 안아주기'를 하루에 몇 번씩 하자고 과제를 내주고 이를 점검할 수도 있습니다.

(5) (4)를 행하고 어떤 느낌이 드는지 문장으로 적게 합니다.

(6) (5)를 함께 충분히 나눕니다.

(7) 전체 느낌을 나눕니다. 혼자서 할 때는 위 순서대로 진행하되 '나누기'는 쓴 글을 스스로 소리 내어 읽도록 합니다. 또한, (1)~(5)까지 행한 느낌을 글로 적어봅니다.

# 마음의 빛

## 내 마음을 지배하는 것

### 그림 〈빛의 제국〉

● 르네 마그리트의 그림 〈빛의 제국〉을 미디어 기기로 검색하여 준비

＊준비물: A4 용지(일 인당 두 장씩), 필기구, 색연필

(1) '마음의 빛'하면 떠오르는 색깔을 하나 선택합니다. 진행자는 어둠은 빛깔을 내지 않지 않는다고 말하며, 검은 색깔을 선택하지 않도록 미리 알립니다.

(2) A4 용지 위에 가운데 한 부분을 동그랗게 놓아두고(동그라미 크기는 자유롭게) 색연필을 사용해서 전체를 까맣게 색칠하도록 합니다.

(3) (2)의 종이 한가운데에 (1)에서 선택한 색연필로 자신의 마음 한가운데 있는 빛이라고 떠올리면서 자유롭게 마음의 빛을 색칠하도록 합니다.

(4) (3)을 두 손으로 들고 자세히 바라봅니다. 느낌을 잘 포착해서

215

한 단어로 나타냅니다. 단어를 쓴 이유도 간략하게 적어봅니다.

(5) (4)를 함께 충분히 나눕니다.

(6) 전체 느낌을 나눕니다.


## 혼자 할 경우

집단원이 없이 혼자 할 경우에도 위의 순서대로 행하면 됩니다. 단, '나누기'를 스스로 소리 내어 읽는 것으로 대체하면 됩니다. 다른 워크숍의 방식에도 이와 같은 방법으로 행하면 됩니다.

관계와 소통을 위한 공감 연습

# 자유하기

## 나를 향한 비난의 화살 내려 놓기

### 시 〈코 없는 사자〉

\* 준비물: A4 용지 일 인당 두 장씩, 필기구, 시 한 편(이승훈 〈코 없는 사자〉)

(1) 이승훈의 시 〈코 없는 사자〉를 낭송합니다. 이때, 특별히 배경 음악을 깔지 않고 낭송하는 편이 훨씬 더 담백한 분위기에서 시를 이해하는 데 도움이 됩니다.

(2) 시에 대한 느낌을 잘 포착해서 한 단어로 나타내고 그 단어를 쓴 이유를 적습니다.

(3) (2)를 충분히 나눈다. 혼자서 할 때는 적은 글을 그대로 읽으면 됩니다.

(4) 다른 A4 용지 한 장에 '내 인생에서 가장 부끄러웠을 때, 수치감 이나 모멸감을 느꼈을 때'하면 떠오르는 장면에 관해 한 단어로 나 타내고 그 이유를 생각나는 만큼 자세히 적습니다.

(5) (3)을 쓴 용지의 뒷면, 용지 위에 "나는 나를 용서하고 이해합니다. 나는 예전의 내가 아닙니다"라고 시작하고, "지금의 나는 _____입니다"라고 마무리하도록 하고, 빈란에 떠오르는 글을 적습니다.

(6) (4)를 쓴 종이를 반으로 접어 (3)의 내용을 감싸듯 덮어주고 가슴에 잠시 갖다 대며, 충분히 느낄 수 있도록 시간을 줍니다.

(7) (4)의 내용을 충분히 나눕니다. 혼자서 할 때는 적은 글을 그대로 읽으면 됩니다.

(8) 참여 소감을 나눕니다. 혼자서 할 때는 (1)~(6)까지 행한 느낌을 글로 적습니다.

관계와 소통을 위한 공감 연습

# 용서하기
## 세상과 화해하고 이겨 나가는 힘
### 소설 《카스테라》

* 준비물: A4 용지(일 인당 두 장씩), 필기구, 물 담는 작은 그릇, 물

(1) A4 용지에 '용서할 수 없는 것'을 3가지 이상 적습니다.

(2) (1)을 다 함께 나눈다. 다만, 내용을 말하기 힘들 경우에는 '통과'라고 하고 옆 사람으로 넘어가게 하되, 내용을 적은 다음의 느낌을 나누도록 합니다.

(3) (1)의 글이 안쪽으로 가게 해서 반과 반으로 작은 크기로 접은 다음, 이 종이를 미리 준비한 그릇의 물에 녹여 반죽을 만듭니다.

(4) (3)을 카스테라 모양이 되도록 손으로 반죽해서 만듭니다.

(5) 새로운 A4 용지에 (4)를 얹어놓고 가만히 바라봅니다. 느낌이 떠오르면 그 느낌을 한 단어로 포착해서 적고, 그렇게 단어를 쓴 이유를 적습니다.

219

(6) (5)를 함께 나눕니다.

(7) 전체 느낌을 나눕니다. 혼자 할 경우라면, (5)와 (6)을 적고 나서 적은 글을 스스로 소리 내어 읽으면 됩니다.

관계와 소통을 위한 공감 연습

# 긍정하기

내면의 그림자를 녹이는 힘

시 〈얼음의 자서전〉

* 준비물: A4 용지(일 인당 두 장씩), 필기구,

Kevin Kern의 〈Threads of Light〉 음악, 스피커.

(1) 최승호의 시 〈얼음의 자서전〉을 Kevin Kern의 〈Threads of Light〉 음악을 배경으로 해서 낭송합니다.

(2) 시의 의미와 느낌을 더욱 자세히 느낄 수 있도록 진행자는 차분히 시를 한 구절씩 짚어주면서 음미하도록 합니다. 한 구절씩 음미할 수 있도록 여유 있게 10초 정도의 시간을 주면서 마지막에는 지금은 '얼음'이 아니기 때문에 과거 자신의 빙하기를 기록할 수 있었다는 것을 초점으로 맞춰 얘기로 풀어갑니다. 감상자가 더욱 잘 느낄 수 있게 하기 위해서 지리멸렬한 설명은 하지 않도록 합니다.

(3) 시의 느낌을 자유롭게 말하도록 합니다. 이때 참여자 수가 적으면 모두 다 물어보고 답하는 방법이 좋겠습니다. 참여자 수가 열 명이 넘을 경우는 시의 느낌을 한 단어로 표현하고 그 이유를 적

고, 적은 글을 적당한 인원(3~5명)이 나눌 수 있도록 합니다.

(4) '내 인생의 빙하기'는 언제인지, 몇 살 때, 얼마 동안이었는지, 어떤 일이 주로 기억나는지, 지금은 어떤 시기인지를 간단히 적게 합니다.

(5) (4)에서 적은 글을 자유롭게 나누도록 합니다. 단, 참여자 수가 열 명이 넘을 경우는 적은 글을 적당한 인원(3~5명)이 나눌 수 있도록 합니다. 혹시 나누는 데에 거부감이 심할 경우는 '통과'라는 찬스를 쓸 수 있도록 배려합니다. 집단에서 각자의 비밀을 지켜주는 것(외부에서 발설하거나 이렇게 나누는 때를 벗어나서 개인적인 관심을 가지고 질문을 하거나 하는 행위를 하지 않도록 당부합니다)을 먼저 약속하고 난 뒤 진행합니다.

(6) 차분하게 자기 자신을 한곳에 머무르게 하고 입으로 숨을 후~ 하고 내쉬고, 코로 깊이 들이마시도록 합니다. 복식호흡을 하도록 다음과 같이 유도합니다(《…》 표시는 10초간 뜸을 들이라는 표시입니다).

> "자, 편안하게 앉아 봅니다. 허리는 곧추 펴 봅니다. 어깨의 힘을 빼고, 팔은 무릎 위에 자연스럽게 놓아 봅니다. 얼굴과 고개는 정면으로 향하고, 눈은 살며시 감습니다. 이 상태에서 몸을 그대로 유지합니다. … 이제는, 호흡에 집중해 봅니

관계와 소통을 위한 공감 연습

다. 천천히 들이마시고, 충분히 내쉬어 봅니다. 들이마실 때 배가 부풀어 오르고, 내쉴 때 배가 꺼지는 것을 알 수 있습니다. 양손을 배 위에 대어 봅니다. 들이마실 때 배가 부풀어 오르는 것을 느껴 보세요. 후~ 하고 입으로 충분히 내쉴 때 배가 꺼지는 것을 느껴 보시기 바랍니다. 배가 부풀어 오르고 배가 꺼집니다. 충분히 입으로 후~ 하고 소리 낼 만큼 내쉬면, 자연스럽게 잘 들이쉴 수 있습니다. 비워낼수록 많이 채울 수 있기 때문입니다. 후~ 소리를 내면서 충분히 내쉬고 그다음 충분히 들이마십니다. 천천히, 자연스럽게, 배가 부풀어 오르고, 배가 꺼지는 것을 느껴 보시기 바랍니다. 지금은 오로지 호흡에만 집중해 봅니다. 내가 어떻게 숨을 쉬고 있는지, 오로지 내 호흡에만 집중해 보시기 바랍니다 … … 이제 손은 자연스럽고 편안하게 무릎 위에 놓아 봅니다. 점점 몸이 편안해 오는 것을 느껴 보세요. 호흡을 그대로 유지하면서, 내 머리가 가벼워지는 것을 느껴 보시기 바랍니다. 어깨에 힘이 빠집니다. 가슴에 힘이 빠지면서 가벼워집니다. 배와 다리가 자연스럽고 편안해집니다. 발끝과 손끝이 자연스럽고 편안합니다. 이제, 온몸이 편안해지고, 긴장이 풀립니다. … 좋습니다. 호흡을 그대로 유지한 채, 온몸이 편안해지고 자연스러워지는 것을 느껴 보시기 바랍니다. … 좋습니다. 이 상태에서 귀를 기울여보시기 바랍니다. 이제는 호흡은 그대로 자연스럽게 유지하면서 들려오는 목소리에 집중해서 따라오시기를 바랍니다. 아주 편안하고 자연스럽게 그대로 따라오시면 됩니다. 아주 잘하고 있습니다. 좋습니다."

간단한 이완을 한 뒤 진행자는 다음과 같은 멘트를 읽어줍니다.

"내 키 크기만 한 얼음이 있습니다. 이 얼음은 오래전부터 이곳에 있었습니다. 오래전에는 크기가 작았습니다. 세월을 지내 오는 동안, 얼음의 부피는 점점 커졌습니다. 얼음 주위에는 차가운 바람이 일고, 기온이 내려가 있습니다. 아무도 얼음 주위에 얼씬하지 않습니다. 이 얼음이 커지는 과정을 나는 잘 알고 있습니다. 얼음은 내 나이만큼 자라왔습니다. 얼음 근처만 가도 춥고 쌀쌀한 바람이 입니다. 나는 이 얼음을 녹이기로 결심합니다. 얼음 주위에 따뜻한 난로를 놓아둡니다. 난로의 열기가 후욱 내 얼굴 위로 옮겨가서 얼음 위로 옮겨집니다. 난로의 열기를 그대로 느껴 보시기 바랍니다. … 잘 녹지 않을 것만 같던 얼음이 조금씩, 조금씩 녹기 시작합니다. 머리 위에서부터 무너지면서, 크기가 줄어듭니다. 나는 다가가 얼음을 안아

관계와 소통을 위한 공감 연습

줍니다. 내 품 안에 얼음을 끌어안고 있습니다. … 나는, 얼음이 이토록 크게 자랐는지 그동안 결코 상상하지 못했습니다. 이제 이 얼음을 내 품으로, 난로의 열기로 녹이고 있습니다. … 얼음의 크기가 점점 줄어듭니다. 찬바람 대신 훈훈한 바람이 감돌고 있습니다. 점점, 점점, 얼음이 녹고 있습니다. 이제 손바닥 안에 한 덩이의 얼음만 남았습니다. 얼음 위로 다른 쪽 손바닥을 포개어 봅니다. 얼음이 내 손바닥 안에서 점점 녹아서, 이제 물이 되었습니다. 손바닥에 물 자국만 남았습니다. … 지금, 문득 떠오르는 단어가 있습니다. 이 단어를 그대로 마음속에 간직해 봅니다. … 자, 이 단어를 그대로 간직한 채 눈을 뜹니다."

(7) 눈을 뜨고, 얼음을 녹이기 전과 녹이고 나서의 느낌, 그리고 현재의 느낌을 순서대로 적고, 얼음을 녹인 순간 떠올린 단어도 적습니다.

(8) (7)을 다 함께 충분히 나눕니다.

(9) 전체 느낌을 나눕니다.

# 혼자 할 경우

집단원이 없이 혼자 할 때는 다음의 순서대로 하면 됩니다.

(1) 최승호의 시 〈얼음의 자서전〉을 Kevin Kern의 〈Threads of Light〉 음악을 배경으로 해서 낭송합니다.

(2) 시의 느낌을 자유롭게 적어봅니다.

(3) 시에서 인상 깊은 구절을 옮겨 적고, 인상 깊은 이유를 적어봅니다.

(4) '내 인생의 빙하기'는 언제인지, 몇 살 때, 얼마 동안이었는지, 어떤 일이 주로 기억나는지, 지금은 어떤 시기인지를 간단히 적어봅니다.

(5) (2)~(4)까지 행한 글을 소리 내 읽어봅니다.

(6) 차분하게 자기 자신을 한곳에 머무르게 하고 입으로 숨을 후~ 하고 내쉬고, 코로 깊이 들이마시도록 합니다. 위의 (6)에서 나오는

이완에 대한 멘트와 심상에 대한 멘트 두 가지를 처음부터 끝까지 읽고 그대로 행해봅니다(〈…〉 표시는 10초간 뜸을 들이라는 표시입니다). 심상에 대한 멘트는 내 나이만큼, 내 키 크기만큼 자란 얼음을 녹이는 것을 떠올리며, 난로의 열기로 점점 녹아가는 것을 떠올려보면 됩니다. 마지막에는 얼음이 녹아서 손바닥 위에 물이 된 채 있고, 이때 문득 떠오르는 단어를 간직해보면 됩니다.

(7) 눈을 뜨고, 얼음을 녹이기 전과 녹이고 나서의 느낌, 그리고 현재의 느낌을 순서대로 적고, 얼음을 녹인 순간 떠올린 단어도 적습니다.

(8) (7)을 소리 내 읽습니다.

(9) (1)~(8)까지 행하고 난 느낌 혹은 생각을 자유롭게 글로 남겨봅니다.

# 마음의 봄

## 미움과 분노를 내려 놓기

### 오페라 〈투란도트〉

* 준비물: A4 용지, 필기구

(1) '용서'하면 떠오르는 느낌을 포착해서 단어를 쓰고, 그 이유를 적습니다.

(2) (1)을 충분히 나눕니다. 혼자서 할 때는 적은 글을 그대로 읽으면 됩니다.

(3) 용서를 청할 대상을 떠올린다. 만날 수 없는 존재나 이 세상에 있지 않은 존재여도 됩니다. 단, 사람이어야 합니다.

(4) 용서를 청할 대상한테 용서를 구하는 메시지를 적습니다.

(5) (4)의 뒷장에 용서를 청한 존재와 마음을 합쳐서 (3)의 메시지를 받고 그 대상이 되어서 답하는 편지를 씁니다.

관계와 소통을 위한 공감 연습

(6) 자신을 용서하는 글을 쓸 것이라고 알립니다. 잠시 어떤 상황에서의 자기 자신을 용서해야 할지 생각하도록 합니다. (4)의 상황에서의 자신도 좋고, 그 외의 상황에서의 자기 자신이어도 됩니다. 2~3분 정도 생각할 시간을 주고 나서 "나는 지금 나를 용서합니다"라고 시작하는 글을 적습니다. 분량은 자유롭게 합니다.

(7) (4), (5), (6)를 충분히 나눕니다. 혼자서 할 때는 적은 글을 그대로 읽으면 됩니다.

(8) 참여 소감을 나눕니다. 혼자서 할 때는 (1)~(7)을 행한 느낌을 적으면 됩니다.

# 경청의 힘

모모가 들려주는 메시지

소설 《모모》

* 준비물: A4 용지(일 인당 두 장씩), 필기구

(1) 두 사람씩 짝을 짓습니다. 참여 인원이 홀수이면, 맨 마지막에 남은 사람은 진행자와 같이 짝을 이룹니다.

(2) 두 사람 중에서 먼저 할 주인공을 정합니다.

(3) '지금, 현재, 이 순간의 내 마음'이라고 하면 어떤 마음인지, 그렇게 생각한 이유는 무엇인지에 대해 생각합니다.

(4) 주인공이 (3)의 주제에 관해 3분 정도 이야기합니다. 이야기할 동안 다른 사람은 공감 경청합니다. 이때 적절히 고개를 끄덕이면서 상대방의 마음을 받아들입니다.

(5) (4)를 행하고 나면, 주인공이 자신의 느낌을 종이에 한 단어로 적고, 그렇게 적은 이유를 적습니다.

관계와 소통을 위한 공감 연습

(6) (5)를 다 하고 나면 진행자는 주인공을 바꿔서 (3)에서 (5)까지 행하도록 합니다.

(7) 참여 인원 전체가 모두 행하고 나서 자신의 느낌을 적은 단어와 단어를 쓴 이유를 돌아가면서 함께 나눕니다. 혹시, 참여 인원이 많아서 다 함께 돌아가면서 나눌 시간이 부족할 수 있는 경우라고 한다면, 6명 정도의 소그룹을 지어 함께 느낌을 나누도록 합니다.


### 혼자 할 경우

집단원이 없이 혼자 할 때는 다음의 순서대로 하면 됩니다.

(1) '지금, 현재, 이 순간의 내 마음'이라고 하면 어떤 마음인지 단어 하나로 표현하고, 그렇게 한 단어로 나타낸 이유를 종이 위에 적어봅니다. 이때, 종이가 내 마음을 온전히 받아주고 경청해주는 존재라고 여기면서 적어보시기를 바랍니다.

(2) (1)을 행한 다음, 종이가 오롯이 받아들이고 있다고 여기면서 자신이 스스로 종이가 되어서 (1)의 글을 읽어보시기를 바랍니다.

(3) (2)를 행한 다음 내 느낌을 한 단어로 적고, 그렇게 적은 이유를 적습니다.

(4) (1)~(3)까지 행하고 난 느낌 혹은 생각을 자유롭게 글로 남겨봅니다.

# 인식하기
## 건강한 에너지를 주고 받기
### 영화 〈스톰보이〉


* 준비물: A4 용지, 필기구, 영화 〈스톰보이 Storm Boy〉 편집본

(주요 대목을 5분 정도 편집한 파일), 빔프로젝터


(1) 영화 〈스톰보이 Storm Boy〉를 주요 대목을 편집한 5분 정도 길이의 파일을 빔프로젝터를 통해 감상합니다.

(2) 영화에 대한 느낌을 잘 포착해서 한 단어로 나타내고 그 단어를 쓴 이유를 적습니다.

(3) 영화 속에서 '소통'의 장면을 기억해서 그 장면에 대한 느낌을 적습니다.

(4) (2)와 (3)을 충분히 나눕니다. 혼자서 할 때는 적은 글을 그대로 읽으면 됩니다.

(5) 내가 겪은 '만물에 대한 소통'의 순간을 기억하고 그 느낌을 한

233

단어로 나타내고 그 단어를 쓴 이유를 적습니다.

(6) (5)를 충분히 나눕니다. 혼자서 할 때는 적은 글을 그대로 읽으면 됩니다.

(7) 참여 소감을 나눈다. 혼자서 할 때는 (1)~(6)까지의 느낌을 적어봅니다.

# 이성의 끈

감정의 소용돌이에서 빠져 나오기

소설 〈노끈〉

* 준비물: A4 용지(일 인당 두 장씩), 필기구, 색연필.

(1) 종이 위에 색연필로 흐르는 강물(강물의 시작과 흐름을 함께 나타냅니다)과 땅과 산을 그려봅시다. 잘 그리지 않아도 되며, '강물'과 '땅'이 표현되어 있으면 됩니다.

(2) (1)의 그림에서 마음속 '화'의 강물 위에 떠내려가는 나를 표시해봅니다. 내 모습 전체를 그리기보다 마음속 '화'의 강물 속에서 흘러가는 나를 표시하는 정도로만 나타내면 됩니다.

(3) (1)의 그림에서 마음속 '화'의 강물 밖, 땅 위에 서 있는 나를 표시해봅니다. 역시 내 모습 전체를 그리기보다 표시하는 정도로만 나타내면 됩니다.

(4) (1)의 그림에서 산 위에 서 있는 나를 표시해봅니다. 역시 내 모습 전체를 그리기보다 표시하는 정도로만 나타내면 됩니다.

235

(5) (3) 그림인 땅에서 마음속 '화'의 강물 위에 떠내려가는 나를 바라봅니다. 마음속 '화'의 '강'을 바라보며 떠오른 단어와 마음속 '화'의 강물에 떠내려가는 '나'를 바라보며 떠오른 단어를 각각 종이 위에 적고, 그렇게 생각한 단어의 이유도 적어봅니다.

(6) (4) 그림인 산에서 마음속 '화'의 강물 위에 떠내려가는 나를 바라봅니다. 마음속 '화'의 강물 위에 있는 나에게 들려줄 메시지를 다른 종이 위에 적어봅니다. 내 이름을 부르면서 적으면 됩니다.

(7) (6)의 메시지를 마음속 '화'의 강물 위에 떠내려가고 있는 내가 읽는다고 여기며 소리 내어 읽습니다.

(8) (7)을 행한 뒤에 어떤 느낌이 드는지 자유롭게 종이 위에 적어봅니다.

(9) (1)~(8)까지 행한 것에 대한 내용과 행한 뒤의 느낌을 집단원들과 충분히 나눕니다. 혼자 할 때는 (1)~(8)까지 행한 것에 대한 내용과 행한 뒤의 느낌을 종이 위에 적고, 그것을 소리 내어 읽어보면 됩니다.

# 수용하기
## 마음에 드리운 그림자 걷어내기
### 시 〈그림자의 인생길〉


\* 준비물: A4 용지, 필기구, 시 한 편(허성욱 〈그림자 인생길〉)

배경 음악 Yiruma의 〈Time Forgets〉, 스피커.


(1) 허성욱의 시 〈그림자 인생길〉을 배경 음악과 함께 낭송합니다. 권유할 수 있는 배경 음악은 Yiruma의 〈Time Forgets〉입니다.

(2) 시에 대한 느낌을 잘 포착해서 한 단어로 나타내고 그 단어를 쓴 이유를 적습니다.

(3) 시의 구절 중에서 특히 인상적인 구절을 적고, 그 이유를 적습니다.

(4) (2)와 (3)을 나눕니다. 혼자서 할 때는 적은 글을 그대로 읽으면 됩니다.

(5) '내 안의 그림자'하면 떠오르는 것을 세 가지를 구체적으로 자세히 적어봅니다.

(6) (5)를 쓴 글 바로 뒤에 '나는 내 그림자를 안아줍니다'로 시작하는 글을 자유롭게 씁니다.

(7) (5)와 (6)을 충분히 나눕니다. 만약, 나누기 힘들다면 적은 뒤의 느낌을 말하면 됩니다. 혼자서 할 때는 적은 글을 그대로 읽으면 됩니다.

(8) 내 안의 그림자 세 가지를 소리 내어 말하면서 양손을 엇갈리게 한 채 가슴에 갖다 대고 나 자신을 토닥토닥하며 안아줍니다. "괜찮아. 잘했어. 잘할 거야"라고 말해줍니다. 눈을 감은 채 두 번을 더 행합니다.

(9) (8)의 행위를 한 후 느낀 점을 한 단어로 포착해서 적고 그 이유를 적습니다.

(10) (8), (9)를 충분히 나눕니다. 혼자서 할 때는 적은 글을 그대로 읽으면 됩니다.

(11) 참여 소감을 나눕니다. 혼자서 할 때는 (1)~(10)까지 행한 느낌을 적습니다.

관계와 소통을 위한 공감 연습

# 이해와 사랑

## 건강한 가족으로 거듭나기

### 그림 〈푸른 침실〉

* 준비물: A4 용지, 필기구, 수잔 발라동의 그림 〈푸른 침실〉 이미지

(1) 수잔 발라동의 그림 〈푸른 침실〉 작품을 충분히 감상하고 어떤 느낌이 드는지 나눕니다.

(2) 진행자는 작품 속 여자가 바라보고 있는 시선을 잘 들여다보도록 합니다. '기다림'이라는 단어를 떠올리며 그림 속 여자가 무엇을 기다리고 있을 것 같은지, 여자의 마음은 어떨지를 상상해서 함께 나눕니다.

(3) 진행자는 수잔 발라동과 위트릴로의 삶을 참여자들한테 간략하게 설명합니다.

(4) 누군가에게 '용서'와 '화해'를 청한다면, 누구한테 청할지를 떠올리고, 그 사람에게 '용서를 청하는 메시지'를 적게 합니다.

(5) (4)를 행하고 나서, 용서를 청하는 대상과 마음을 합한 뒤, 내가 쓴 메시지를 읽고 나서 답하는 글을 (4)의 용지 뒷장에 쓰도록 합니다.

(6) (4)와 (5)를 함께 충분히 나눕니다.

(7) 전체 느낌을 나눕니다.

## 혼자 할 경우

집단원이 없이 혼자 할 때는 다음의 순서대로 하면 됩니다.

(1) 수잔 발라동의 그림 〈푸른 침실〉 작품을 충분히 감상하고 어떤 느낌이 드는지 적고, 이를 소리 내어 읽습니다.

(2) '기다림'이라는 단어를 떠올리며 그림 속 여자가 무엇을 기다리고 있을 것 같은지, 주인공의 마음은 어떨지를 상상해서 글로 적고, 이를 소리 내어 읽습니다.

(3) 누군가에게 '용서'와 '화해'를 청한다면, 누구한테 청할지를 떠올

리고, 그 사람에게 '용서를 청하는 메시지'를 적어봅니다.

(4) (3)을 행하고 나서, 용서를 청하는 대상과 마음을 합한 뒤, 내가 쓴 메시지를 소리 내어 읽고 나서 답하는 글을 (3)의 용지 뒷장에 씁니다.

(5) (3)과 (4)를 소리 내어 읽습니다.

(6) (1)~(5)까지 행하고 난 느낌 혹은 생각을 자유롭게 글로 남겨봅니다.

# 마음의 문

## 마음속 긍정의 문 열기

시 〈문〉

* 준비물: A4 용지, 필기구, 색연필, 시 두 편(안수환의 〈문〉, 잘랄레딘 루미의
〈문〉) 배경 음악은 Kevin Kern의 〈Le Jardin〉, 〈Twilight's Embrace〉, 스피커.

(1) 두 편의 시(안수환의 〈문〉, 잘랄레딘 루미의 〈문〉)작품을 배경
음악과 함께 낭송합니다. 추천할 수 있는 배경 음악은 다음과 같습
니다.

안수환의 〈문〉: Kevin Kern의 〈Le Jardin〉
잘랄레딘 루미의 〈문〉: Kevin Kern의 〈Twilight's Embrace〉

(2) 두 편의 시에 대한 느낌을 잘 포착해서 한 단어로 나타내고 그
단어를 쓴 이유를 적습니다.

(3) 내 마음의 문이 닫힐 때, 마음의 문이 열릴 때가 언제였는지 구
체적인 경험을 적습니다. 또한, '닫힌 문'하면 내면의 어떠한 마음의
작용이 일어날 때였는지 구체적으로 적어봅니다. 예를 들면, 불쾌

관계와 소통을 위한 공감 연습

한 언행을 쓰는 상대, 자기 자랑을 일삼는 상대… 등등 입니다.

(4) (2)와 (3)을 충분히 나눕니다. 혼자서 할 때는 적은 글을 그대로 읽으면 됩니다.

(5) '닫힌 문을 열고 나오는 나'하면 떠오르는 느낌을 그림으로 나타냅니다.

(6) (5)의 그림을 잘 들여다보고, 떠오른 느낌을 한 단어로 포착해서 적고 그 이유도 적어 봅니다.

(7) (6)을 충분히 나눕니다. 혼자서 할 때는 적은 글을 그대로 읽으면 됩니다.

(8) '닫히고 열리는 것 모두 섭리에 의한 것을 알고 일어나는 그대로 감사하며 받아들이는 나를 떠올리면서 지금, 현재, 이 순간의 나에게 들려주는 메시지를 자유롭게 적어봅니다.

(9) (8)을 충분히 나눕니다. 혼자서 할 때는 적은 글을 그대로 읽으면 됩니다.

(10) 참여 소감을 나눕니다. 혼자서 할 때는 (1)~(9)까지 행한 느낌을 글로 적어봅니다.

관계와 소통을 위한 공감 연습

# 빛 만나기
## 한계를 극복하는 내면의 힘
### 그림 〈마음의 빛〉

* 준비물: A4 용지, 필기구, 색연필(일 인당 한 다스씩).

(1) 색연필(한 다스, 12색 이상, 개인당 한 다스씩)을 펼쳐놓고 '마음의 빛깔'하면 떠오르는 비슷한 색깔을 선택해서 집어 듭니다.

(2) 주어진 용지(A4 1장)에 선택한 색깔로 '마음의 빛'을 그립니다. 어떻게 그리는지는 자유입니다.

(3) 자신이 방금 그린 '마음의 빛'을 양손에 들고 가만히 감상하듯 바라봅니다.

(4) 진행자가 지시하면, '마음의 빛'을 그린 그림을 가슴으로 안고 잠시 눈을 감습니다. 혼자서 할 때는 눈을 감기 전에 (5)의 멘트를 다 읽고 나서 (4)를 눈을 감고 읽었던 대로 떠올립니다.

(5) 차분하고 깊게 복식호흡을 세 번 정도 하도록 합니다. 진행자는

다음과 같은 멘트를 읽어줍니다.

> "지금, 내 마음의 깊은 중앙에 빛이 있다는 사실을 알
> 아차립니다. 내 마음 중앙에서 늘 나와 함께 하고 있
> 었던 빛입니다. 살아오는 동안 내가 스스로 많이 가
> 려서 어둠만이 내 마음속에 있다고 여길 때조차도 이
> 빛을 늘 나와 함께 하고 있었습니다. 이제 이 빛이 내
> 안에 존재한다는 분명한 사실을 깨닫습니다. 이제까
> 지 늘 함께 해왔던 것처럼 지금부터 앞으로도 늘 언제
> 나 나와 함께 하고 있을 것이라는 사실 또한 깨닫습니
> 다"

(6) (5)를 전부 행하고 나서 눈을 뜹니다. 빛이 지금, 현재, 이 순간
의 나에게 들려주는 메시지를 받아 적습니다.

(7) 빛깔을 그린 것과 빛이 자신에게 들려주는 메시지를 함께 나눕
니다. 혹시, 참여 인원수가 많아서 다 함께 돌아가면서 나눌 시간
이 부족할 수 있는 경우라고 한다면, 6명 정도 소그룹을 지어 함께
느낌을 나누도록 합니다. 혼자서 할 때는 메시지를 소리 내 읽습니
다.

관계와 소통을 위한 공감 연습

(8) 참여 소감을 충분히 나눕니다. 혼자서 할 때는 (1)~(7)까지 행한 느낌을 글로 적습니다.

# 채우기

## 내 안의 에너지를 발견하고 채워보기

### 시 〈나의 아름다운 주유소〉

*준비물: A4 용지, 필기구, 시 한 편(시아, 〈나의 아름다운 주유소〉),

배경 음악은 The Daydream의〈Running on the Clouds〉

(1) 시아의 시 〈나의 아름다운 주유소〉를 낭송합니다. 권유할 수 있는 배경 음악은 〈Daydream〉의 〈Running on the Clouds〉입니다.

(2) 시에 대한 느낌을 잘 포착해서 한 단어로 나타내고 그 단어를 쓴 이유를 적습니다.

(3) 시 구절 중에서 인상 깊은 구절을 적고, 그 이유를 적습니다.

(4) (2)와 (3)을 충분히 나눕니다.

(5) 내 과거와 현재를 잘 알고 있는, 오로지 위로와 격려만 해주고 비판이나 충고하지 않고, 다만 나를 따뜻하게 품어주는 '나만의 새' 이름을 정합니다. 모습, 색깔, 크기 등을 자세히 떠올리고 이름을

관계와 소통을 위한 공감 연습

정한 이유도 적습니다.

(6) (5)를 충분히 나눕니다.

(7) 차분하고 깊게 복식호흡을 세 번 정도 합니다. 진행자는 다음 멘트를 읽어 줍니다(《…》표시는 《…》표시당 7초~10초간 고요히 머물면서 뜸을 들이라는 표시임).

"나는 그동안 늘 나와 함께 내 마음속에 살고 있었던 '나만의 새'를 지금 깨닫습니다. '나만의 새'는 단 한 번도 나한테 비난이나 비판하지 않았습니다. 지금까지 내 삶을 잘 알고 이해하고 오로지 따뜻하게 품어만 주는 새입니다. '나만의 새'의 이름을 세 번 부르면 이 새는 지금, 내 앞에 나타날 것입니다. 자, 이제 마음속으로 '나만의 새'를 불러 봅니다. … … 자, 지금, 이 순간 나만의 새가 내 앞에 나타났습니다. 나에게 위로와 격려를 해주는 나만의 새가 지금, 현재, 이 순간 무엇이라고 하는지 그대로 들어보시기를 바랍니다. 이어서 자연스럽게 함께 대화를 나눕니다. … … … … 네, 좋습니다. 이제 나만의 새는 제가 세 번을 세면 다시 내 마음속으로 날아갈 것입니다. 내 마음속에 언제나 늘 나와 함께 사는 새입니다. 언제든지 내가 원할 때, 이름을 세 번 부르면 나한테 나타나서 위로와 격려를 해주는 새입니다. 자, 이제 세 번을 세면 다시 내 안으로 들어갑니다. 세 번을 세겠습니다. 하나, 둘, 셋!"

(8) (7)을 전부 행하고 나서 눈을 뜨고, '나만의 새'와 나눈 대화를 그대로 적습니다.

(9) (8)을 충분히 나눕니다.

(10) 참여 소감을 나눕니다.

### 혼자 할 경우

집단원이 없이 혼자 할 때는 다음의 순서대로 하면 됩니다.

(1) 시아의 시 〈나의 아름다운 주유소〉를 낭송합니다. 권유할 수 있는 배경 음악은 〈Daydream〉의 〈Running on the Clouds〉입니다.

(2) 시에 대한 느낌을 잘 포착해서 한 단어로 나타내고 그 단어를

쓴 이유를 적습니다.

(3) 시 구절 중에서 인상 깊은 구절을 적고, 그 이유를 적습니다.

(4) (2)와 (3)을 쓴 글을 소리 내어 읽습니다.

(5) 내 과거와 현재를 잘 알고 있는, 오로지 위로와 격려만 해주고 비판이나 충고하지 않고, 다만 나를 따뜻하게 품어주는 '나만의 새' 이름을 정합니다. 모습, 색깔, 크기 등을 자세히 떠올리고 이름을 정한 이유도 적습니다.

(6) (5)를 쓴 글을 소리 내어 읽습니다.

(7) 위의 (7)의 멘트를 전부 읽은 다음 실행합니다. 차분하고 깊게 복식호흡을 세 번 정도 하고 나서 눈을 감고 멘트대로 스스로 떠올려 봅니다. 나만의 새 이름을 세 번 부르고, 지금, 현재, 이 순간에 나타나서 나한테 하는 메시지를 그대로 들어보면 됩니다. 그대로 떠올리고 나면, 하나, 둘, 셋을 세면서 나만의 새가 마음 안으로 들어가는 것을 지켜본 다음 눈을 뜨면 됩니다.

(8) '나만의 새'와 나눈 대화를 그대로 적습니다.

(9) (8)을 소리 내 읽습니다.

(10) (1)~(9)까지 행하고 난 느낌 혹은 생각을 자유롭게 글로 남겨봅니다.

관계와 소통을 위한 공감 연습